教育家書院 丛书 · 研究系列

顾明远／主编

钟樱 等◎著

创建一所有文化的新学校

教育科学出版社

·北京·

为教育家的成长搭台

　　教育家书院成立的宗旨，就是想为那些热爱教育事业，长期从事教育工作，做出了优异的成绩，有自己的教育思想和先进理念，希望进一步对教育有所研究，并且形成自己的教育风格的优秀教师、校长成长为教育家，搭建一个平台。

　　教育家不是随着教龄的增长而自然成长的，学习和提升是教育家成长的必由之路。只有不断学习钻研，不断反思自己的教育行为，总结提高，上升为理性认识，才能有成熟的经验和理论，才能有自己的教育风格。优秀教师要提高，不能只围绕着中小学的教材转，也不能只是学习教育理论，更重要的是要提高整体素养，养成教育家的气质。教育既是科学，又是艺术，艺术需要有点悟性，教育也需要有点悟性。悟性从哪里来？就是从整体素养中来。

　　掌握教育规律是一名教育家成长的必由之路。教育家书院就是要帮助一批优秀校长和教师在繁忙的教育教学工作之余，能够静下心来，读一点书，听一些各领域专家的讲演，考察一些国内外的学校，以扩大他们的视野，提升业务水平。通过考察、讨论、研究使他们对教育现象的感性认识上升到知性认识，再提高到理性认识。仅有教育经验不能成为教育家，只是一名教书匠。教育家必须有对教育规律的理性认识，并在教育实践中不断实践，不断提升，悟出教育的真谛。

　　在教育家书院这个学习园地里，兼职研究员不是单向地学习，而是互相学习，互相切磋，共同提高。在北京师范大学（以下简称"北师大"），每年有几千名新教师要走出校门奔向全国各地的中小学校，还有几百名在职攻读教育硕士学位的教师。他们不仅需要学习教育理论，提升学科知识水平，而且要理论联系实际、学与思结合、知与行结合。教育家书院的兼职研究员也给北师大进行教育学习和研究的师生带来了鲜活的经验，有利于改造他们的学习。

为了给兼职研究员创造更多学习、交流和提升的机会，教育家书院的主要活动包括以下几方面——

一是高端学术讲座和研讨。邀请来自教育学、心理学、哲学、经济学、社会学、文学、历史学、自然科学等各个领域的专家为兼职研究员开设讲座或与他们进行座谈。

二是名师名校长讲席。请兼职研究员向北师大的师生介绍他们的教育思想、办学理念和教育教学经验。

三是学校诊断与改进系列活动。组织专家对兼职研究员所在学校及地区的教育教学情况进行全面的考察和诊断，形成诊断和改进报告反馈给学校。在此基础上，收集大量不同地区、不同类型、不同年段的学校诊断案例，形成学校改进的理论模型。

四是国际教育考察。组织兼职研究员到有教育特色的国家进行实地考察，通过观摩课堂教学、与师生及教育行政机构的人员进行座谈等活动，体会不同的文化和教育理念。

五是兼职研究员和北师大的合作教授共同进行课题研究。这些研究立足于研究员本人、本校的教育实践，既能提升其理论素养，又有助于解决实际问题。

通过这些丰富的活动，不仅兼职研究员有了许多收获，觉得教育观念有了变化、教育思想有了提升，而且教育家书院也积累了大量的、丰富的教育资源。为了使这些教育资源不至于流失，教育家书院决定编辑出版《教育家书院丛书》。丛书包括以下几个系列。

聆听系列：收集各领域的专家在书院所做的报告；

研究系列：收集兼职研究员在书院开展课题研究的成果；

游学系列：收集兼职研究员进行国际考察的报告、感想、体会等；

讲习系列：收集整理兼职研究员在书院"名师名校长讲席"中所做的讲演；

对话系列：收集整理兼职研究员与书院讲座教授对话实录；

行动系列：收集兼职研究员在进行"学校诊断与改进"考察活动后的考察报告和实践收获；

成长系列：收集兼职研究员个人成长历史资料等。

教育家书院成立两年来，兼职研究员通过各种活动，有了许多收获，不能说都已经成为教育家，至少向教育家迈出了一步。因此，两年的时间虽短，内容却很丰富，有必要把这些资源收集整理；长期积累起来，它们就会变成教育研究极为宝贵的财富。在教育家书院的首批研究成果即将出版之际，写以上几句，是为序。

顾明远

2012 年 3 月 4 日于求是书屋

一所有文化的学校

近些年来，我几次走进成都市金沙小学，了解了学校创办、发展的历程，观察了学校的一草一木，亲身感受到基于金沙遗址的充满生机和活力的学校文化。几次有机会与金沙小学钟樱校长进行面对面的交流，了解了她走上教师和校长岗位的心路历程以及创办金沙小学、建立金沙教育集团的艰辛与快乐，深感她是一位有现代教育理念并矢志不渝追求自己心中教育梦想的教育专家。现在，记录金沙教育集团从无到有、从小到大发展历程，讲述校长、教师、学校、家长、社区志愿者办学故事的著作摆在我的面前，在阅读完全部文字之后，出现在我头脑中的第一个句子就是——"一所有文化的学校（集团）"。

学校是青少年学习文化、继承优秀文化遗产的地方。从这个意义上说，凡学校皆有文化，如何还能将学校区分为"有文化的学校"与"没有文化的学校"呢？如果非要将学校区分为"有文化的"与"没有文化的"，区分的标准又在哪里呢？我个人的看法是，文化是一种理想的生活方式；学校是一种以育人为主要责任的社会组织。作为一种社会组织，学校当然有自己的组织文化，这种组织文化与其他社会组织文化，如企业文化、政府文化、军队文化有很大的不同，应该具有教育性，应该指向青少年学生的健康、全面、和谐、多样与可持续发展。一所学校，如果培育起来了这种具有教育性的文化，并将自己的全部理念、制度和言行置于这种文化的指引之下，我们就可以称其为"有文化的学校"；反过来，如果一所学校所信奉、流行和实施的一切观念、制度、言行都与学生的健康、全面、和谐、多样和可持续发展相违背，我们就称其为"没有文化的学校",或者说"没有体现学校文化独特性的学校"。这样的学校，虽名为"学校"，实际上已经与学校设立的目的相去甚远，完全没有资格称为"学校"了，只能像当年夸美纽斯所批评的那样，是儿童才智的屠宰场和儿童心灵的地狱。所以，我们看一所学校或一个学校集团有没有文化，不是看它是否把文化作为教育的内容，而是看它本身是否培育出了真正的教育性文化，是否体现了学校组织自身的性质、特点并履行学校组织应当负的教育使命和社会责任。

对照上述有关有文化的学校与没有文化的学校的区分标准，我眼前的金沙小学（集团）毫无疑问属于有文化的学校。金沙小学的文化体现在理念层面、制度层面、行为层面，甚至通过精心设计、含义隽永的环境文化体现出来。"金沙小学（集团）"的名称源自金沙遗址，金沙文化有着上千年的历史，给人一种深厚的历史感，启迪人们穿越现代的时空、回望那遥远而又富庶的古蜀生活。以"太阳神鸟"这一世界性文物为原型的金沙小学校徽将金沙小学这所现代化的学校与古老的太阳神鸟崇拜紧密地联系在一起，同时为其赋予时代的意义。由此衍生出来的"追逐梦想，从心绽放"成为金沙教育人的办学理念；创办一所让孩子、教师、家长都感到幸福的学校，成为钟樱校长及全体金沙小学师生共同的梦想；在这个教育梦想的召唤下，"梦想大道"、"太阳之子"、"七彩的梦"、"金沙剧"、"金沙币"、"金沙论坛"等一个个建筑空间的创新、学校标识的设计、学习平台的搭建、评价工具的发明等纷至沓来，营造了一个个既有理性思考又有感性形象和实际功用，并深受师生欢迎的文化环境和氛围。古老的金沙文化的元素在现代的小学和幼儿园里似乎得到了重生，滋养着成百上千孩子们的心灵。

阅读着由七章构成的这部记录金沙小学（集团）文化建设过程与成就的著作，我想用如下的话来描述金沙小学（集团）的文化特征。

第一，金沙小学（集团）的文化是有深厚历史底蕴和强烈文化自觉的。从学校的历史看，金沙小学确实是一所新建不久的学校，与成都地区许多老牌的学校无法比拟。但是，难能可贵的是，作为学校的领导者，钟樱校长在建校一开始就具有比较敏锐的文化意识和比较强烈的文化自觉，积极主动地打出"金沙"这张牌，并在后来的办学过程中始终注重开展校馆合作，构建了博物馆与学校之间的文化联系，使得金沙小学这所新建校一开始就具有了历史的厚度和千年的底蕴。

第二，金沙小学（集团）的文化不是装饰学校生活的花瓶，而是点燃学校教育生活的火种。无论是在学校里参观学习，还是阅读学校的有关报道，我都有一个强烈的感觉，就是金沙小学（集团）的文化不是拿来说的，而是用来做的，是一个集体的理想、观念和行动习惯。金沙小学（集团）师生的一言一行都是学校文化最好的诠释。"开放、探究、均衡、和谐"的核心理念体现在学校的管理文化、课程文化、教学文化、教师文化等方方面面，已经成为一种精神弥散在学校生活的每一个角落。

第三，金沙小学（集团）的文化展现了中国现代小学文化的关键特征。中国现代小学应该是什么样子的？首先要有民族性，致力于传承民族优秀的文化传统；其次要有民主性，致力于培养社会主义的民主公民；再次要有开放性，学校要与家庭、社区建立起更加密切的联系，应该成为社区生活的积极参与者和建设者；最后就是独特性，每一所小学由于自己的历史和所处的社会环境，都应该有自己独特的文化特征和价值追求，不能千校一面。以上这几点，金沙小学（集团）不仅都做到了，而且做得很好，确实给人以深刻的印象。

德国学者卡西尔曾说，人是文化的动物。这个命题意味着，人不仅是文化的消费者，人也是文化的创造者。当然，创造是要在继承基础上的创造，没有继承就没有创造。从这个意义上说，学校文化的建设也是要在继承一个国家、一个民族或一个区域已有的优秀文化传统的基础上进行的，文化虚无主义者是绝对不会创造出什么新文化来的。金沙小学（集团）学校文化建设的一条宝贵经验就是：站在时代的高处，以学生发展为中心，把学校文化嫁接在区域优秀文化传统的脉络上，汲取精华，并进行大胆的教育性转换。金沙小学（集团）的文化建设已经取得了初步的成就，收到了积极的教育效果，赢得了师生和社会的广泛赞誉。在这里，我衷心地祝愿金沙小学（集团）文化建设越做越好，文化强校的道路越走越宽！

北京师范大学教育学部　石中英

目　录

北纬30度，略学过一点地理知识的人大概都知道它的"厉害"。

从地理布局来看，这里既是地球山脉最高峰——珠穆朗玛峰的所在地，又是海底最深处——西太平洋马里亚纳海沟的藏身之所。世界几大河流如埃及的尼罗河、伊拉克的幼发拉底河、中国的长江、美国的密西西比河，均在这一纬度线附近入海。

最高的山峰、最深的海沟、最奇怪的湖泊、最瑰丽的山体、最壮观的大潮、最汹涌的海流……在这条充满魔力的纬度线上，有着无数奇妙的自然景观，更有着许多令人难解的神秘现象：恰好建在精确的地球板块中心的古埃及金字塔群，令人难解的狮身人面像之谜，神秘的北非撒哈拉沙漠达西里"火神火种"壁画、死海、巴比伦的"空中花园"、传说中的大西洲沉没处，以及令人惊恐万状的"百慕大三角区"……

这里，不仅有着众多古代文明留下的深刻烙印——古埃及、古巴比伦、古印度、古希腊，苏美尔、玛雅、巨石、河姆渡、良渚、大溪遗址，还是佛教的圣地、伊斯兰教的故乡、基督教的中心、道教的仙境……

北纬30度，这样一个神奇的纬度，和我们——本书的写作者——小小的成都市青羊区金沙小学教师团队，又有着怎样的关系呢？

那得从2001年2月8日那天说起。

这一天，成都市西郊，苏坡乡金沙村，某房地产开发集团的两台挖掘机正轰隆作响，似乎很快就要将这个小小的村子变成满是高楼的商品房小区。

正当挖掘机将泥土倾倒在土山旁时，有些在场的村民发现——铲起的泥土中有象牙和玉器！当大家朦胧地意识到眼前发生了什么情况时，不少村民开始在土堆旁寻找"宝贝"，两台挖掘机也停止了轰鸣，挖掘机驾驶员纵身跳入 5 米多深的沟中……

这样一个颇有些平常却又突然变得慌乱且戏剧性的瞬间，正是金沙遗址再现世间的重要节点。

当晚，考古专家初步鉴定，金沙村的商周文化遗址是一个很有研究和考古价值、规模宏大的"古墓"。

同年，经过本地考古学家长达数月的挖掘工作与本地警方坚持不懈的文物追回工作，前来考察的国家文物局专家组给出认定：该遗址是四川省继广汉三星堆遗址之后最重要的考古发现之一，且与三星堆遗址有较为密切的渊源关系。

1929 年偶然被发现、1934 年首次被发掘的三星堆遗址，曾使得一直以来只有茫昧迷离的文献记述而缺乏物化实证的"古蜀文明"破土而出。它用切实的存在向我们证明，"在 4000 多年前，蜀人便在成都平原创造了强大的文明，这里是 3000 年前傲视长江流域及其以南地区的文明中心，一个存续了 1500 年以上，消失 2000 多年，以前我们几乎毫无所知的伟大文明"[1]。它不但填补了巴蜀文化史的空白，还昭示了长江流域与黄河流域一样，同属中华文明的母体。尤其值得一提的是，这令我们中国人尤其四川人大为自豪的"古蜀文明"，恰恰也发祥于北纬 30 度。

金沙遗址位于成都平原的东南边缘地带，成都市区的西北部，距三星堆遗址 38 公里，据考证系公元前 12 世纪至公元前 7 世纪一处商周时代遗址，是长江上游古代文明中心——古蜀王国的都邑。如果说三星堆遗址是夏代晚期至商代前期的成都平原乃至于四川盆地的中心都邑，那么金沙遗址则证明成都最迟在商代晚期就已经成为成都平原的一个大都会。结合以前成都北郊羊子山土台建筑遗址、成都十二桥商周遗址、四川彭州市竹瓦

---

[1] 黄剑华. 三星堆：震惊天下的东方文明 [M]. 成都：四川人民出版社，2002：35.

街商周青铜器窖藏等考古发现，学术界对古蜀历史文化的发展脉络有了更加清晰的认识。通过这些考古发现，人们越发真切地意识到，成都平原的确存在着一个以古蜀族为主体的古文化、古城和古国。金沙遗址的发现，把成都城市史提前到了 3000 年前，金沙遗址由此被视为成都城市史的开端。

这样一个偶然中的必然，让金沙遗址回到历史的怀抱，以金沙遗址博物馆的形式傲然于世。金沙遗址，北纬 30 度，就这样紧紧缠绕在一起，密不可分。

而 2005 年前后，另一个必然中的偶然，则把我们这样一群小小的教师，领到了金沙遗址博物馆面前。在它旁边，有一所叫作金沙小学的学校即将拔地而起，等待我们用智慧画下新的图景。

这，就是我们想和您分享的故事——一所小学和一个文化遗址的共荣之路。通过它，我们向世人郑重回答——如何才能创建一所有文化的新学校。

第一章
邂逅金沙

　　当我们有机会这样近距离地看到仓库储物架上的一件件文物，在触手可及的地方，每一条纹路、每一个印记……考古专家的倾情讲述让每一件文物都附着着生命，传递着故事，穿越了时空的隧道，带我们回到 3000 多年前的古蜀，那里繁荣、富足，智慧先民们的辛劳让这片土地充满了奇幻而绚丽的色彩。今天，我们发现了什么？要传承什么？在这片肥沃的土地上究竟沉淀了怎样的文化？这样的文化又将给教育带来什么启示……有太多太多问题等待我们去追问与回答。

1. 虚位以待

成都，正成为"新一线城市"？

2016年4月25日，上海东方传媒集团第一财经传媒公司主办的《第一财经周刊》在上海发布"2016中国城市商业魅力排行榜"。据了解，该杂志依托旗下数据新闻团队"新一线城市研究所"，历时6个月，用160个品牌、14家互联网公司和数据机构的城市大数据，依据城市商业资源集聚度、城市枢纽性、城市人活跃度、城市生活方式多样性、城市未来可塑性5个维度，为338个中国地级以上城市重新分级。

测算结果显示，虽然老牌一线城市北京、上海、广州、深圳的地位暂时无法撼动，但另有15个城市指数靠前，被评为"新一线城市"。在"新一线城市"榜单中，成都毫无争议地位列榜首。

另一个类似的例子，2012年，仲量联行发布《中国新兴城市50强》报告，也把包括成都在内的9个城市列为中国"1.5线城市"。

无论是"新一线城市"还是"1.5线城市"，都预示着中国城市格局正在发生变化，以成都为代表的内陆城市逐渐崛起，城市竞争力和影响力不断提升。

城市的崛起，为区域经济的发展带来了强劲的动力。城市范围的不断扩大，也让曾经的"城边边"转瞬间变成了"城中区"。

而金沙遗址的横空出世，为我们所在的成都市青羊区——整个西部地区和四川省的党政军机关集中地——区域的整体发展注入了一针绝佳的强心剂。

2005年前后，规划中的"金沙商圈"，是一个新的拥有遗址公园的高端国际化大社区，居住人口将超过 10 万人。社区内，将配套 3 所小学、2 所中学。

形成强烈反差的是，当时整个金沙片区一所学校也没有。

当时，作为青羊区打造区域经济的重要舞台，金沙片区已成为风格独特的高档文化社区，人居氛围日益浓厚。人气是聚集了，靠什么来凝聚社区的文化认同感和自豪感呢？

就国际和国内两方面的经验来看，教育可以算作一个重要手段。当时，金沙片区对学龄教育和品牌学校的需求简直如饥似渴！

建成一所真正满足各方面需求的新学校，将对更好地完善社区配套服务，推动城市建设，促进区域内文化的发展，甚至构建和谐社会，打造城市品牌，影响深远。

是的，金沙片区需要一所新学校，一所有着深厚文化底蕴和宽厚国际视野的学校，一所人们理想中的学校。

并且，只许成功，不许失败。

就这样，我们和金沙小学不期而遇。

2. "我们" 是谁

区域对一所学校的需要，让我们和金沙文化的交集得以成为可能。

那么，我们是谁？又从何而来？

一所学校的出现，不可能如平地惊雷。作为教师团队，我们的经历决定了我们的现在。甚至可以说，我们的经历注定了我们要和金沙文化相遇……

一所城乡接合部小学——是我们中部分人所待的上一所学校，我也出自这所小学。

1995 年，成都市政府对府南河沿岸进行改造，拆迁居民大都搬到地处城乡接合部的石人小区。为了解决拆迁居民子女的入学问题，小区配套建设了一所小学。同时，这所小学被指定为一所名校的分校。这所名校的名头相当响亮，是成都市传统名校、成都市小学"五朵金花"之一的成都市实验小学。

同样是 1995 年，时任实验小学副校长的张玉仁出任成都市实验小学分校校长，带领实验小学本部和兄弟学校抽调的部分教师，以及部分应届师范毕业生，来到石人小区"白手起家"，组建了成都市实验小学分校。我正是其中的骨干。

不要误会，以为这是一个多么豪华的阵容。更不要误会，以为这样一所初组建的学校能在社区中引起多么大的轰动，引来社区居民多么深的尊敬与信任。

11 名教师，泥泞的操场，简陋的教学设施——就是学校最初的"家底"。

一个明显的问题是，建校初期，学校周边的居民文化层次比较低，学生的生活习惯、学习习惯比较差。学校第一次开家长会时，来参会的家长有的居然穿着拖鞋，有的甚至光着背脊。总之，懒懒散散，既不整洁也不体面。

在张玉仁校长的带领下，我和学校教师团队将名校、名师的办学经验运用到这个校园内外环境均有短板的新学校，以终身教育观念为理论依据，用学校教育辐射社区教育，建立学校和家庭的紧密联系，充分开展"学校、家庭、社区"三结合的教育实践活动，办出了一所非常有特色的学校。

学校创立短短几年，穿背心、蹬拖鞋、满口脏话的家长群体消失了，居民小区知识结构落后家庭出来的孩子一样出类拔萃，琴、棋、书、画、信息技术、外语样样出彩……

30 岁那年，我被评为四川省语文特级教师，其后的第二年接任了校长职务。我和新一届领导班子一起，再接再厉，带领学校不断发展壮大。2003 年，学校成为中国教育学会在全国义务教育阶段挂牌的第一所实验学校，更名为"中国教育学会成都市青羊实验学校"。学校有效整合国内优质教育资源，率先提出并成立了全国第一个公办学校"民主管理委员会"，得到了教育部领导和专家的高度肯定。学校还着力于校园文化建设，用爱心营造学校的育人环境，以提高教师素质来推进素质教育，以学习求发展，把学校建设成师生共同学习的学习型组织。

学校挂牌那天，时任中国教育学会会长的顾明远先生来到学校，看到了激动人心的一幕——操场上除了排列整齐的学生队伍之外，还挤满了家长。在顾先生看来，这"充分表明了家长对学校的关心"。后来，顾先生几乎每年都要到学校看看。在他的《杂草集》一书中，关于中国教育学会成都市青羊实验学校有这样一句耐人寻味的话："什么是学校办出特色，这就是学校办出了特色。"

从 4 个班 200 余名学生，壮大到 30 个班 1700 余名学生，成为成都市的名校，不但被老百姓誉为"平民重点学校"，更被教育界誉为"没有'围墙'的学校"，家长从避之不及到纷纷要求把孩子送到学校上学……按照说教育故事的惯例，发展到这一步，学校似乎就已经进入了无尽的辉煌期，需要的只是保持、保持、再保持。

实际情况远远没有这么简单。

3. 金沙寻梦

一个占地只有 7 亩的小学校，学生人数达到了 1700 多人，教室、功能室、办公室严重不足，根本无法满足学生健康发展和教师专业成长的要求。2005 年，中国教育学会成都市青羊实验学校的发展遇到严重瓶颈。

此时此刻，寻找一个让师生都能幸福成长的舞台，成了迫在眉睫的任务。

我们开始驱车在方圆 5 公里范围内寻找，并且很快发现想找的目标居然"近在咫尺"——金沙片区！

2005 年，金沙片区已经崛起。金沙文化的神秘、恢宏让我们着迷不已，而该片区"零学校"的状况，又让我们有了大胆设想的空间。

当时，金沙考古研究队将挖掘的大量文物放置在我们学校附近的一个仓库里，考古队很多工作人员的孩子在学校就学。利用这些现成的条件，我们开始研究金沙文化，并与金沙考古研究队建立了良好的合作关系。邹章毅、张擎等研究员为我们提供了科学的考古资料，著名解说员胡晓蓉老师还成了学校的辅导员，让师生更好地走近金沙，了解金沙。

当我们有机会这样近距离地看到仓库储物架上的一件件文物，在触手可及的地方，每一条纹路、每一个印记……考古专家的倾情讲述让每一件文物都附着着生命，传递着故事，穿越了时空的隧道，带我们回到3000多年前的古蜀，那里繁荣、富足，智慧先民们的辛劳让这片土地充满了奇幻而绚丽的色彩。今天，我们发现了什么？要传承什么？在这片肥沃的土地上究竟沉淀了怎样的文化？这样的文化又将给教育带来什么启示……有太多太多问题等待我们去追问与回答。

不仅如此，学校还借助中国教育学会专家资源，请陶西平先生做总顾问，立项研究"区域文化背景下的学校文化建设"。其间，时任中国教育学会会长顾明远先生，副会长郭振有先生、谈松华先生先后来到金沙文物仓库，为学校文化研究提出了非常好的建议。首都师范大学的王长纯教授、东北师范大学附属小学原校长熊梅也为学校文化建设提供了大量指导。

凭借着对金沙文化的认同，对教育规律的把握，对教育理想的执着，我们向青羊区教育局郑重申请并承诺：我们要建设一所有文化的新学校。

它，就是金沙小学。

4. 怀疑与自我怀疑

传承文明，发现未来。金沙文化的历史和金沙片区的未来，赋予了这个即将诞生的金沙小学无与伦比的期待。

这个新生的生命能肩负起这样的重任吗？它能与金沙文化匹配吗？它能在开办之初就迅速成为品牌小学吗？它能成为金沙社区一道亮丽的风景线，进而成为区域经济发展的加速器、全国学校文化建设的亮点吗？

没有悠久的历史、没有赫然的成就，实际上，从立项之初，我们就一直在怀疑与自我怀疑中纠结。

☆ 纠结一，我们为什么要研究金沙文化？

金沙遗址的发现，除了在考古界创下多个奇迹外，对整个成都市的城市文化也有着极其深远的影响。金沙遗址的文物告诉我们：3000 多年前，我们脚下的地方就是一个开放、富足的城市。受其影响，成都的城市文化也由此定位于"开放、包容"，契合了国际化、现代化城市发展的需求。

文化是人类共同拥有的财富。随着太阳神鸟当选中国文化遗产标志，金沙文化逐渐走上世界的舞台，各行各业开始用金沙元素注册品牌。

既然金沙是文化遗产、城市的财富，那么它也理应成为教育发展的沃土。作为这个片区配套的第一所小学，校址毗邻金沙遗址，更拥有金沙遗址考古队的家长资源，金沙小学理应用好这张名片。

用好金沙，建设金沙，成了我们理所当然的选择。

☆ 纠结二，教育发展是一个缓慢的过程，一所新学校怎样在开办之初即成为优质学校？

通过研究我们知道，一般情况下成为优质学校要有三个决定性条件，即好的社区、好的教师、小班化。

金沙小学恰恰能够满足这些条件：其一，金沙片区属于高端文化社区，家长素质较高，对教育认同度较高，关注儿童的成长。其二，在长达两年的文化建设研究过程中，我们培养了一批对新学校文化和金沙文化高度认可的教师，他们身上有着丰富的从教经验，更对开创新学校饱含激情。其三，小班化正是学校文化建设策划中的一部分，课程和教师岗位都以 36 个学生一个班为标准来设计，这在当初也是一个非常大胆的尝试。

☆ **纠结三，也是最令我们头疼的问题——学校文化需要涵养、积淀，一所新学校怎样成为一所有文化的学校？**

一谈到学校文化，很多人立刻会想到校园的装修与美化。实际上，这仅仅是学校文化建设的一部分。不可否认，美化校园对学校文化建设能够起到很重要的外显作用。但是我们必须搞清楚一些更深层次的问题，比如为什么美化以及怎样美化，这就涉及对学校文化建设的理解。

关于推动学校文化建设，著名教育学者石中英曾说："一线教育工作者应该深入地认识学校文化的现状，理解学校文化存在的问题与危机，有效地推动学校文化建设，在方法论上就必须超越就事论事的阶段，站在整个社会文化变迁的高度，用一种联系的观点、整体的观点和历史的观点看问题、做决策。"

看来，文化建设是一个系统工程，而不是外在表象。文化需要积淀，但更需要构建。

经过反复思考，我们得出的结论是，新建学校的文化建设不能在等待中度过，文化是学校发展的方向和动力，也是社会对学校的需求。一所新学校完全可以传承所在区域的文化积淀，化区域文化为学校文化所用，把区域文化历史转化为学校文化建设的基础。

我们一直有一个教育梦想：办一所新学校，一所有文化底蕴和国际视野的学校，一所让孩子、教师、家长向往的学校！为了使学校文化建设更有现实意义，更接地气，更具特色，我们还必须把区域文化、时代要求、学生需求结合起来建设新学校的文化。

尤其 2005 年前后，面对原先所在学校的发展瓶颈，如果没有长远的眼光，没有敏锐捕捉机遇的能力，怎么能实现我们的教育梦想？

时逢青羊区教育局提出"一校一景、一校一品"，用学校文化建设推动学校快速优质发展的方针，我们顺势抓住机遇，再上台阶。

第二章
厚积薄发

　　金沙小学的文化土壤是金沙文化，金沙文化灿烂而又神秘，如何去了解它、理解它，并让它最终走近学生？显然，学校文化的根须只有延伸到金沙文化的每个角落，才能寻找到属于自己的生长源头。

吴奋奋，我国著名教育建筑设计师，现任上海中同学校建筑设计研究所所长。作为金沙小学的设计者之一，他曾多次提及，学校的设计过程艰苦而有意义，对他后来的工作影响很大。

艰苦，的确。学校开办之前，我们用了近两年时间熟悉金沙文化，寻找金沙文化与区域文化、时代要求、学生需求的结合点。我们做了一件最"笨"的事情——调查与研究。

金沙小学的文化土壤是金沙文化，金沙文化灿烂而又神秘，如何去了解它、理解它，并让它最终走近学生？显然，学校文化的根须只有延伸到金沙文化的每个角落，才能寻找到属于自己的生长源头。

为全力推进文化建设，我们牵头成立了学校文化建设小组，聘请中国教育学会中育发展研究中心的常务副主任曹华先生、张晗东老师以及吴奋奋教授做具体指导。两年里，我们在专家的帮助下，进行了大量的调查和研究，包括搜集资料、发放问卷、统计数据、整合资料、座谈讨论、设计方案、修改方案，等等。

两年时间意味着什么？对于每个人来说，答案可能都不一样。我们只知道，如果将两年中涉及的研究资料堆积起来，足以堆成一座小山……

1. 金沙文化的馈赠

（1）金沙遗址博物馆

2007 年，金沙遗址博物馆在金沙遗址原址建成开馆，展示了神秘的古蜀文化和独特的青铜文明。

博物馆。占地面积约 30 万平方米，由遗迹馆、陈列馆、文物保护中心、园林区和游客接待中心五部分组成。建筑总面积37895平方米，其中地上建筑面积28000多平方米，地下约9000平方米。绿化面积138000多平方米，绿地率达70％，栽种有银杏、水杉、桢楠等古老树种。

遗迹馆。位于摸底河南的祭祀区呈半圆形，建筑面积7588平方米。主体结构采用大跨度钢结构，遗迹馆内为无柱大空间，为保护、发掘、展示提供灵活的空间。遗迹馆展现的祭祀场所，游客可以近距离实地观看考古发掘的过程，感受古蜀国祭祀活动的频繁和宏大气派。

图2-1　金沙遗址博物馆遗迹馆

陈列馆。位于摸底河北，呈方形，建筑面积约16200平方米，其中展陈面积约6000平方米。地下一层，地上三层，集中展现了金沙时期古蜀先民的生活、生产及其美轮美奂、造型奇绝、工艺精湛的器物，还有古蜀文明发生、发展、演变的历史知识的系统介绍。

图 2-2　金沙遗址博物馆陈列馆

文物保护中心。位于博物馆的西北角，建筑面积约 8000 平方米，是对金沙遗址出土文物进行保护和研究的区域。文物保护中心的附近还建有金沙小剧场，常年举办与金沙文化相关的文化演出活动。

图 2-3　金沙遗址博物馆文物保护中心

　　园林区。内有乌木林和玉石之路等文化景观，在博物馆主道路西侧，是"中国文化遗产标志"的纪念雕塑——太阳神鸟所在地，并以此为中心建有广场。2005年8月16日，金沙遗址出土的太阳神鸟金饰图案被公布为中国文化遗产标志，2005年12月18日，在此设立永久性纪念雕塑。

图2-4　金沙遗址博物馆园林区

（2）珍贵的金沙文物

　　金沙遗址出土的30多件金器是该遗址出土文物中最具独特风格和鲜明特色的。这些金器包括金面具、金带、圆形金饰、蛙形金饰、喇叭形金饰等。除了金面具与三星堆青铜面具在造型风格上基本一致外，其他各类金饰均为金沙遗址所独有，都是用金片、金箔锤打而成，种类非常丰富。其中，太阳神鸟已被选为中国文化遗产标志图案，并随"神六"飞上了太空。

　　与金器一起出土的玉器则更多留下了中原和长江下游良渚文化的痕

迹。成都市文物考古研究所所长王毅称，出土的玉戈、玉钺等礼器明显与中原同时代文物一致，这说明金沙文化与中原文化有着深刻的内在联系。

同时，金沙遗址出土的玉琮、玉璋并不是此地"土生土长"的，它们是通过长江这条自古以来的黄金水道自下而上运输至此的。金沙文化与中原及长江下游的频繁交流充分说明了此时的古蜀文化不是孤立的，而是中国古代文明的重要组成部分。这也再次证明了中华古文明的多元一体论，各区域的文化都是彼此作用和相互影响的。良渚文化的器物通过长江传到蜀地，证明成都当时对外交往和贸易已非常频繁，也说明古蜀国并非古人所说的"蜀道难，难于上青天"。同时也证明，当时蜀地并非如文献记载的"不晓文字，不知礼乐"的蛮荒之地，而是已具有非常发达的青铜文化。能够证明金沙遗址具有较高文明程度的还不仅于此。在已清理出土的一吨左右的象牙中，一小部分产于古蜀国的南部，一大部分来源于相邻的云南、贵州等地。这部分象牙很可能是西南少数民族进贡给这里的王公贵族的，这也说明了金沙当时已成为西南地区重要的政治、经济、文化中心。由此，考古专家认为金沙文化既有其独特魅力，又是深受中原、长江下游等文化影响的产物。

太阳神鸟。金沙遗址博物馆的镇馆之宝——太阳神鸟金箔，直径 12.5 厘

图 2-5　金沙遗址出土的太阳神鸟

米，厚度 0.02 厘米，重量仅 20 克。四只不停飞翔的神鸟代表着对梦想的勇敢追逐，十二道顺时针旋转的光芒代表了内心力量的绽放。太阳神鸟金箔表达了远古先民对太阳的崇拜、对光明的向往、对梦想的追逐。"太阳神鸟"是希望的象征，它曾经乘着"神六"飞到了太空，2005 年它被确定为中国文化遗产的标志，从成都飞出的"太阳神鸟"将永久守护中国的文化遗产。

象牙。2001 年，金沙遗址出土了 1000 余根象牙，其数量不仅远远超过了同时期中原地区强大的商周王朝，而且在世界范围内也是绝无仅有的。在不产象的成都平原，为什么出土的象牙反而是最多的呢？有人说它们来自今天的西亚、中亚等地，是当时的商贾或者朝圣者带到三星堆、金沙古国的；还有人说它们本来就是成都平原的象群产的，是古蜀人狩猎所得或者在洪水过后偶然捡来的。在 3000 多年前，除了雕刻外，完整的象牙也会被古人视为神物用于祭祀、祈祷、消除灾难等神圣的场合，还会被做成非常精美的艺术品佩戴在身上。

图 2-6　金沙遗址出土的象牙

四节玉琮。四节玉琮高 16.5 厘米，宽 11 厘米。呈方柱体，外方内圆，中空，寓意着"天圆地方"，中间的穿孔表示天地之间的沟通。分四节，每节刻画九道平行直线纹，三道为一组，平行直线纹平直而规整，线条纤细而流畅。经过考古队员的鉴定，这件器物是古蜀金沙人自己创作的玉器，与中原地区出土的十节玉琮非常相似。这说明古蜀人和中原文化交流频繁，才会出现相似的祭祀器物。

图 2-7　金沙遗址出土的四节玉琮

金面具。这件黄金人面具，据考证它是东亚地区发现的 3000 多年前保存最完整、尺寸最大的一件金面具，具有极高价值。金面具的尺寸规格与真人面孔相同，高 11 厘米、宽 19.6 厘米，其厚度仅为 0.04 厘米，重 46 克。面具额齐平，面方形，大立眼，长刀形眉凸起，三角形鼻子高高挺起，有两个鼻孔，阔嘴，长方形耳朵，耳垂处各有一圆孔，下颌齐平，内折，整体造型写实和写意并存。中国大陆考古中，发现这么完美、体量这么大、这么精美的黄金面具实属不易。整个面具设计对称，为纯手工锤打出来，整体经锤揲成形，眼嘴镂空，能看出锤打前还有专门的模子，最后才做雕刻。由于耳部有美丽的花纹，整个面具含有神秘的宗教色彩。专家从金面具背面的痕迹推测出，它可能附着在某种物品之上，应为古蜀国神祇面具。它和太阳神鸟金箔等国宝为伴，一同接受全世界的观瞻，讲述着 3000 年前古蜀文明的神奇。

图 2-8　金沙遗址出土的金面具

（3）古老与现代的交融

古蜀金沙是灿烂的，现代金沙是充满希望的。金沙不仅仅是金沙遗址博物馆的名字，也是新建大型社区的名字。

金沙街道办事处于 2001 年 11 月 1 日成立。辖区东以青羊大道为界与青羊区府南街道办事处相连，西以三环路为界与青羊区苏坡街道办事处相连，北以金牛区为界与金牛区黄忠街道办事处相连，南以苏坡路为界与青羊区东坡街道办事处相连，含清江村及龙嘴村的三环路以内部分。

作为青羊区打造区域经济的重要舞台，金沙国际新区总占地面积 360

多万平方米，已成为包含金沙丰富文化内涵和历史渊源的高品质社区。辖区内有 4 个社区——金鹏社区、金凤社区、同怡社区、金沙遗址路社区。辖区内不但有驰名中外的金沙遗址博物馆，还规划了的金沙光华文化商务区、金沙遗址旅游餐饮街区。社区内包含现代化的大型商场、繁华的商业中心，设施完备的保障场所——消防支队、办事处、社区医院、派出所、敬老院等。

自建立金沙社区以来，新城市居民不断涌入，文化认同感和自豪感与日俱增。社区是孩子们生活、学习和实践的地方。位于金沙遗址旁的金沙小学，坐拥得天独厚的地理位置，文化底蕴深厚。

2. 描绘理想校园

金沙遗址精美的文物、神秘的古蜀传说，给人们留下了无穷的想象空间，金沙遗址博物馆各个场馆还提供了丰富的社会实践方式。

如何将金沙这样的古文明遗迹与现代化的金沙国际新区进行嫁接，如何充分挖掘金沙文化内涵，将金沙开放、包容的文化特质注入新学校文化建设的核心，将精美器物的形与色创设为新学校的视觉体系，将金沙的体验研究空间放入新学校的环境建设中，将各种出土文物、神话传说、历史科技等资源整合构建出新学校的特色课程？

在我们看来，在实践中对上述问题做出理性回应，将是金沙小学的立身之本。

我们相信，金沙文化必将给新建学校打上深深的特色文化烙印，开启新建小学文化建设的新篇章。穿越历史的辉煌，新建的金沙小学就这样将文化的根须延伸至古蜀金沙的土壤里，汲取古蜀文化的灵气，增益自身发展的文化底气。

2005 年年底，在中国教育学会强大的专家资源支撑下，我们进行了大量的调查和研究，收集了来自专家、教师、学生、家长及社会其他行业关于金沙文化与教育理解的资料，为新学校的兴建做准备。我们还通过近万份教师、学生、家长问卷调查，勾画出了大家心目中的理想学校。

图 2-9　2005 年召开了多次金沙小学文化建设座谈会

我们围绕为什么办教育、办什么样的教育和培养什么样的人这三个核心问题进行了大量调查。

调查一：理想的校园

教师这样描述理想校园：

绿色的花园式园林，操场宽敞，有书香的氛围，有种植劳作区，设施齐备，干净整洁，标志醒目，如有溪水和沙地就更为美妙。

学生认为理想的校园应该是：

有美丽的花草树木，操场宽敞，运动场地器材齐全，有五颜六色的教学楼，有动物养殖园，图书室、休息室、餐厅等功能室齐备，有良好的饮水设备、钟楼、小型游乐场，校园充满生机，有童话色彩，充满学习氛围。

家长对理想校园的建设提出如下建议：

校风良好、环境优美、和谐、充满爱心、欢乐安全、文化氛围浓、设施齐全、整洁温馨、互帮互助、安静宽松、周边环境好、文明幸福。

调查二：理想的教室

教师期待的理想教室：

多媒体现代化，宽敞，有读书角，有展示墙，有储物柜和洗手台，黑板桌椅可活动，温馨明亮有家的氛围。

学生心中的理想教室：

宽敞、明亮、干净、整洁，多媒体、空调、电视、DVD 设施齐备，教室有温馨的五颜六色的墙面，鸟语花香，有宠物角。桌椅整齐、木质地板，有书架、储物柜和饮水机。窗户多、窗帘漂亮，教室安静有隔音墙。教室布置有文化气息，有装饰品。

家长对理想教室的建设有如下想法：

明亮宽敞、整洁卫生、设施齐全、安静、学习氛围浓、干净、温馨、通风良好、课桌椅高宽适宜且最好有锁、颜色丰富多彩、小班化。

调查三：理想的教师

教师眼中"理想的我"：

有爱心、责任感强、活泼开朗、爱岗敬业、人格高尚、团结协作、专业技能过硬，其中幽默、有童心、有特长、外表美、善于沟通也是一个好教师的重要表现。

学生眼中的好教师：

严格、有爱心、温柔体贴、有幽默感，能和学生打成一片，工作认真负责，教学经验丰富，布置作业少、知识渊博、和学生做知心朋友，善良不偏心、公正、守信用、宽容、品德高尚。

家长心中的优秀教师：

有爱心、知识水平高、多才多艺、有责任心、爱岗敬业、教育素质高、和学生交朋友、有亲和力，严格要求、平等对人、沟通能力强、善于发现长处、对学生像对待自己的孩子一样。

调查四：理想的学生

教师夸赞的"好孩子"：

有爱心、健康、善良、快乐、有责任感、乐于奉献、积极向上、自信自主、有修养、爱国、明辨是非、有理想、热爱学习。

家长喜欢的"乖孩子"：

身心健康、有爱心、快乐、对社会有用、有责任心、自立自强、品德好有修养、积极向上、各科知识全面发展、有良好的学习生活习惯、爱学习、乐观、诚实守信、适应能力强、勤奋刻苦、勇敢、善良、正直。

调查五：理想的课程

学生的感受：

开设语文、数学、微机、美术、体育、英语、音乐、体育锻炼、自然、科学、思想品德、科技制作、手工，另外还有乒乓球、篮球、游泳、舞蹈、劳动、野外实践、羽毛球、象棋、综合实践、书法、健康和艺术课。

家长的主张：

开设社会实践、数学、手工、社交礼仪、英语、语文、安全健康、品德、微机、历史、美术，另外还有读书交流、器乐、社会学、家政、天文地理、武术、生态、演讲、本土文化课程等。

无论哪个时代，向善、向美始终是人们追求的目标。满足每一个向往美好和幸福的需求，提供适合每一个孩子的教育，开启学生、教师、家长成长的幸福之门，这就是我们的理想蓝图。

3. 设计一所与幸福有关的学校

著名教育专家顾明远先生曾说："转变学习方式的实质，是对教育价值观、人生观、培养模式的一次彻底变革。学习不是一种异己的外在的控制力量，而是一种发自内在的精神解放运动。"让学习成为发自内在的精神解放运动，也是我们在设计金沙小学时的根本出发点。

去掉讲台，将全校的黑板高度降低。21世纪初，中国基础教育发生了巨大变化，但在技术层面上说不是革命性的。中国的教师始终是世界上站得最高的教师、中国的黑板始终是世界上挂得最高的黑板，这不是建筑师或室内设计师的错，是传统教育理念的自然流露。在这种模式下，教育依然以教师为中心，知识的源泉依然限于教师和课本，学生作为教育流水线上的产品被进行机械地加工。在这种模式下，学生获取信息的途径是单一的，学习的方式是整齐划一的，教学的效率是低下的。我们在设计中首先摒弃了讲台，将全校的黑板高度降低，努力通过环境的改变，转变教师的教育观、教学观，让学生从传统学习方式转向现代学习方式，把学习变成学生主体性、能动性、独立性不断生成、张扬、发展与提升的过程。

理想的学校走廊＝人流+信息流。上海中同学校建筑设计研究所所长吴奋奋认为，理想的走廊应该是"人流+信息流"，这样不仅可以供学生穿行，还可以为他们带来各种各样的新信息。这些信息由学生自行提供，不受教师限制，随时会刷新。在这样潜在的交流过程中，学生能获得更多的信息，学校才能成为知识展示、信息传递、感情交流的场所。吴奋奋对学校走廊的设计提出了详细要求。除了交通功能外，他更加看重信息展示功能和学生交流功能。根据他的详细方案，在教育局支持下，我们进行了效果图的招标会。面对每一张图片，我们都从功能、色彩、安全、使用等多方面进行研讨，最终确定了张光明设计师的设计。

图 2-10　张光明设计师设计的方案图

　　学校主色调基于学生的喜好、身体健康及学校文化来选择。关于学校主色调的选择，我们开过多次讨论会。我们坚持，色彩的选择不能基于设计师、校长的喜好，而是要基于学生的喜好、学生的身体健康及学校文化。在对其他多所名校的主色调进行详细分析后，我们最终定下以蓝色、绿色、橙色、黄色为主色。这四种色彩来源于音乐剧《寻梦金沙》。我们畅想3000年前，金沙应该是个草木茂盛、资源丰富、生态良好的地方，就好像今天的九寨。九寨的秋天是最美的，蓝色的天空、蓝色的湖水、绿色的树木、橙色和黄色的花。微软开机画面也正好是这四种色彩，为了使孩子的眼睛更加舒服，我们在设计中还借鉴了微软开机画面的色彩比例。

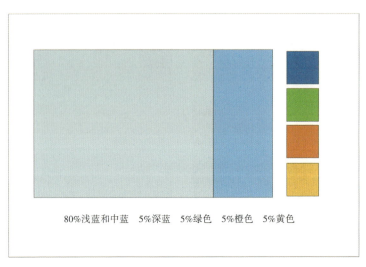

80%浅蓝和中蓝　5%深蓝　5%绿色　5%橙色　5%黄色

图 2-11　金沙小学的色彩比例

我们希望通过学校文化建设改变办学目标、办学环境、教学手段，我们希望有这样一所学校：教师不是迫于生计，学生不是迫于升学才来到这里，而是他们找到了最适合自己快乐学习、快乐工作、幸福成长的地方。我们用心用情地去建设金沙小学的文化，是为了让学校成为孩子、教师、家长向往的地方。

作为设计者之一，吴奋奋教授亲历了金沙小学校园环境设计的全过程。2006 年，他和中国教育学会曹华老师应我的邀请，第一次来到学校。当时，那里只有一座以毛坯房标准交付的新校舍。站在空旷的操场上往四周眺望，是大片落成不久的普通公寓。一度，他将学校当作一所为住宅小区配套的常规小学。但他很快被告知，3000 年前这里曾是中国的文化中心，他的脚下极有可能埋藏着另一枚太阳神鸟。正是在那个瞬间，他和我们有了"通过室内设计和环境设计环节，把金沙小学打造得非同一般"的共识。

金沙小学的项目设计是以严谨的基础性研究做铺垫的。如果把吴奋奋教授和学校工作小组的交谈全部记录成文，一定可以成为一本厚厚的书。同样，如果把设计师张光明和学校工作小组讨论过的金沙设计图全部打印出来装订成册，厚度也一定在 20 厘米以上。

在吴奋奋教授看来，金沙校园环境的维度至少包括文化内涵、展示功能、技术支持以及学习的舒适度。仅以走廊的"展示功能"为例，绝大多数学校走廊只有交通功能，没有或基本上没有展示功能。一些校长会在走廊上布置一些东西：科学家画像、名人名言、校风口号等，用心一点的校长还会把一些学生的优秀书画作品陈列在走廊上，如此而已。然而，如果严谨地用信息源、展示面、信息介质、信息量级、刷新周期等指标去衡量，这些没有经过专业设计的走廊，终究是"没有展示功能的零信息走廊"。

相比之下，金沙小学的走廊则被赋予了不同的功能：

走廊信息源不再限于校长。教师和学生，尤其是学生是重要的信息源；

走廊实墙面（地面 60 厘米以上，梁底以下学生平视视野范围）均为展示面；

走廊信息介质不再限于平面印刷品，手书、图书、三维实物甚至多媒体都随处可见、可触；

走廊信息不再限于 K 级的字符和 M 级的图像，G 级的三维实物、多媒体在信息量上提升了一千至一百万倍；

走廊信息每学期全刷新，每月大刷新，每周小刷新；

……

走廊如此精致设计，普通教室、专用教室、公共教学空间甚至教师专业发展空间的设计则更加精细。

展示功能如此精细设计，文化内涵、技术支持、学习的舒适度更加精细设计。

这正是金沙小学的办学者、师生、家长想要的，也是我们想通过专业设计实现的。[1]

---

[1] 转引自吴奋奋教授提交的《对金沙小学校园环境设计过程的评价》。

4. 酝酿一种以文化涵养教育的理念

在金沙遗址上建起的金沙小学，有着得天独厚的文化背景。挖掘金沙先民留给我们的精神财富，从优秀中华文化中汲取营养，是金沙小学学校文化建设的坚实基础。这要求我们去感悟金沙，解读金沙文化，明确教育的需求和学校文化建设的价值追求，在此基础上凝炼出独具自身特色的文化。

（1）解读金沙

完全解读金沙文化，在今天也许为时过早。但分析认识已出土文物的特点、参考人类文明发展的特点我们深深地感受到：

古蜀不封闭，**开放**是他们对待事物的态度。金沙文化以包容的姿态吸收了中国东西、南北的文化，甚至接纳了来自西域的文化。应该说，开放是金沙文化留给我们如何对待新鲜事物的良方。

想象无止境，**探究**是他们进步的动力。一件件精美的金沙文物无不让我们惊叹先民们丰富多彩的想象，那应该是他们在当时的条件下对自然、生活、社会等有限而主动的探究。这种探究，是推动金沙文化进步的动力，同时它也应该是人类社会生生不息的永恒的动力。探究，应该成为人类社会生活的重要组成部分。

文化共繁荣，**均衡**是人类生活发展的沃土。金沙文化的瑰丽来源于农业、科技、经济、政治等多方面的合力，人类生活进步是文化共同繁荣的结果。"一枝独秀"是对标新立异的写照，"百花齐放"才是对春色满园的赞美。均衡不光是今天社会生活追求的目标，它也是过去、未来人类对社会生活的向往。

光明在人心，**和谐**是人类社会共同的追求。金沙文化有海纳百川的气魄，有探究前进的实践，有均衡发展的共识，这些人类美好的特质共同构建了和谐的金沙生活，造就了和谐的金沙文化，和谐是人类生活的中心。在和谐的氛围里，人获得幸福，社会不断前进。

"开放、探究、均衡、和谐"构成了金沙文化的主体，这也是金沙打动人们的特质。在先民的足迹上建设金沙小学，我们应该借鉴其开放、探究、均衡、和谐的思想，传承优秀的中国文化，包容先进的国际文化，探究人类社会生活中事物发展的规律，营造均衡发展的和谐校园。

（2）教育需求

发展是人类社会的主题，随着时代的发展和社会的进步，我们可以理直气壮地说，我国教育取得了瞩目的成就。但是，作为教育者，我们也会发现我国教育中存在着许多不足。顾明远先生在《又该呐喊"救救孩子"了》一文中说："今天的'救救孩子'不是要把孩子从封建礼教中解放出来，而是要把他们从'考试地狱'中解救出来，从沉重的学业负担压力下解救出来；不是为了让他们将来幸福地度日，而是让他们在眼前就能过幸福的童年。"反思教育，我们会发出这样的疑问：究竟，是谁动了孩子们的奶酪？

今天的中国，资源有限、竞争激烈，每一个家庭都希望自己的孩子长大后拥有知识、事业有成、幸福快乐，而往往忽视了孩子当前的感受，压抑了孩子的天性。随着素质教育的逐步实施，许多的地区与学校开始意识到素质教育的重要性，但是因为种种原因难以深入全面地落实。作为新形势下的教育者，我们的使命应该是保护孩子的天性，包括孩子的好奇心、求知欲、想象力。孩子天性活泼，具备强烈的好奇心、求知欲、想象力，而传统教育往往没有重视孩子的这些作为人的因素，培养出了一批批墨守成规的所谓"学子"。今天，教育者应该转变观念，保护孩子健康成长的良好因素。

"这个世界上没有理想的教育，但是有教育的理想。"陶西平先生常常说教育者应该是"追梦者"，今天的基础教育最缺乏的是"梦想与创造"，缺乏的是创新精神。没有梦想就没有创造，没有梦想就没有进步。当"梦想"二字从纸上一跃而出的时候，学生、家长、教师产生了共鸣。在这一刻，我们找到了灵魂深处共同拥有的东西，找到了让我们快乐幸福的源泉，感受到了心底里最初的悸动。

孩子这样说：

田序：人生是一次奇妙的旅行，梦想是起帆的小船，它将我们从没有色彩的世界载向瑰丽的未来。我的梦想是成为一名画家，把迷人的风景保留在画布上。

周芳语：涓涓细流，终究汇流成河；粒粒金沙，必能累积成山；小小的我，梦想从这里起航！

郑悠健：哈佛大学是我的目标，天道酬勤是我的信念，永不言弃是我的精神。有梦想，就是如此任性！

罗刘栋：梦想是我的小助手，帮助我每天取得进步。

黄子澄：在我的心里，种下一颗梦想的种子，用勤劳的汗水浇灌，心有多大，梦想之树就会长多大。

王宣尹：梦想不是一步登天，是脚踏实地朝着梦想去奋斗、去追逐，就能成功。

赖兴妍：梦想要变成现实，需要自己付出不断的努力，每付出一分，离梦想就近了一步！

家长这样说：

马岚琪妈妈：if we can dream it, we can do it!

蒋之一妈妈：在所有的糖果中，梦想是最甜的那一种。

郑悠健妈妈：敢于梦想，勇于梦想，这个世界永远属于追梦的人。

王宣尹爸爸：追逐梦想的道路上，先学会做人、学会做事，学会在老师、同学们帮助下健康快乐成长，当一名有金沙文化内涵的太阳公民。

田序妈妈：人如果没有梦想，就像鸟儿不能飞翔，好似天空没有云朵，生命会逊色不少。我的梦想是周游世界，领略各国的优美风光和奇异风俗，并和各种肤色、各种语言的人交朋友，了解他们的文化和追求，并传播我国的历史和文化。

罗栋天妈妈：遇到困难不可怕，更不要急功近利，人生原本就是一场华丽的探险，只要我们勇于迈出一步，就会离我们的梦想接近一步。有梦想的人生，才是最完美的人生。

杨天倪爸爸：每个孩子都是梦想天使，父母不能期望在孩子身上获得惊喜，而应该鼓励孩子追逐梦想，克服追梦路上的困难、厌倦、怀疑，引导孩子把梦想变得具体、可操作，并训练孩子的思维、耐心，这样才有稳稳的收获。

教师这样说：

刘征宇：播下一颗希望的种子，在春风雨露中让梦想开花。

吕晶晶：启迪学生智慧，用力张开想象的翅膀；呵护学生心灵，用爱编织成长的摇篮。让孩子的成长因为有我而感到快乐！

冷　琦：每个人都有一双梦想的翅膀，它会带着我们飞得更高更远！

薛宇宏：梦想是杠杆，撬起的是追梦的力量。

无论哪一句话，给我们的都是震撼。我们看到了人们眼中的渴望，感受到了人们心中的火苗。

梦想是埋藏在内心深处的深切渴望，它激发生命中的潜能，是成长和创造的动力。解放了身心的孩子，将在兴趣的牵引下，充满快乐地去为实现梦想而不懈努力。懂得追求，获得学习的能力，形成创造性的思维，为美好生活和终身发展埋下一颗心灵火种——这便是金沙小学要给孩子们的！

（3）价值追求

当前中国社会的文化存在着一种兼收并包的复杂状态：优秀传统文化和西方文化并存，后工业时代、农业时代、知识社会时代文化并存，主流文化和多样性文化并存，自由主义与社会主义、个人主义与集体主义并存。

面对这种复杂的文化状况，学校文化建设当何去何从，金沙小学学校文化建设应当担当起怎样的任务与使命，学校教育的基本价值观、办学理念是什么？这是我们需要深入思考的问题。

价值原则。新学校文化建设需要在国家教育的大政方针指导下，以社会主义核心价值观为中心，以学校师生为主体，将继承与创新相结合、共性与个性相结合、理念与实践相结合，打造兼具地方传统与鲜明时代特征的学校文化建设共同体。在这一过程中，我们需要充分发挥人的作用，让学生、教师、家长积极参与到学校文化建设中来，积极探索未来学校的精神特质，共同形成学校的文化核心。新学校文化涵盖了学校的层次、类别和性质，具有科学性、逻辑性，并适当具备超前性和战略性。我们相信，这样的学校文化才能拥有深厚的历史积淀，具有旺盛的生命力，才有自主生长的能力，这样的学校文化才是人类应该具有的文化。

案例

金沙小学学校文化建设初步设想
（2006 年框架）

《学记》："善教者，使人继其志。"

建设的内涵——"托起金沙的太阳"，这不仅是学校教育对社会的责任，而且是学校教师对学生的责任，更应是每一个金小人对于历史、文化、时代和未来的责任与理想。

建设的逻辑——"发现、传承、创造"。发现是学习的动力，发现激发学习的兴趣；传承是教育的责任，传承铸就发展的基础；创造是未来的希望，创造永续一方的文明。

发现、探究和体味古人创造的艰辛和追求；感受和学习历史文化、科技和融合的璀璨；培养荣誉感、自豪感、责任心和审美能力。

核心理念。经过一年多的思考、选择、讨论，我们筛选、比较了2000多个词语和句子，从中挑出最符合金沙小学学校文化核心价值观的词语。我们的目标是要在金沙建造一所"没有观念围墙、没有心灵围墙、没有精神围墙"的学校。在这里，要让每个孩子的身心得到充分解放，追逐自己的梦想，去学习，去探索，去创造，让每一份希望、每一份感动、每一份成长收获从内心绚丽绽放。

最终，我们提出"追逐梦想，从心绽放"的办学理念。这八个字来源于金沙太阳神鸟标志图案：四周旋转的神鸟预示追逐梦想，中心四射的阳光预示着内心力量的绽放。"追逐梦想"合乎天道、保护天性，"从心绽放"关乎人道、观照心灵。与金沙文化一脉相承的是，金沙办学也讲究天人合一。

办学策略。学校不仅是教育政策的执行者，也一定是教育改革的策源地。我们立足于和谐社会建立与和谐校园建设相统一，立足于国际视野与本土文化相统一，立足于事业发展与人的发展相统一，基于对国际观念的考察、对中国建设和谐社会的认识、对中国教育的反思、对青羊构建和谐教育的理解，在充分消化、借鉴专家学者观点的基础上，提出了金沙小学的办学策略——"开放、探究、均衡、和谐"，即开放教育、探究学习、均衡发展、和谐校园。这正与陶西平先生提出的环境怡情、教学养性、氛围育心相符合。

在这里，"开放"是科学有序的开放，是在符合教育规律前提下的促进人和谐发展的开放。"探究"是互动相长的探究，是学生个体团结协作、师生共同进步、知识能力全面发展、个性人格充分张扬条件下的探究。"均衡"是深度融合的均衡，是单项能力发展与综合素质提高、个体发展与总体进步、区域发展与社会辐射深度融合的均衡。"和谐"是面向全体、关注个体、尊重主体的和谐，是传承文脉、开拓创新、面向未来的和谐，是基于学校、家庭、社会，大教育视野的和谐。

陶西平先生在其《培育学校良好的教育生态》一文中提出，"和谐"是学校文化的内核，和谐的学校文化最重要的是教育活动与学生发展的和谐、学校内部人际关系的和谐以及学校外部关系的和谐。处理好学校和谐的基本关系可以形成保证学校教育持续发展的生态系统。这应该是对构建和谐校园最有力的论述。

同时，构建和谐校园也是深度融合的均衡，是硬件均衡之后领导班子素质、师资水平、教学资源等的进一步深化、人本化，使教育资源得以最大限度地发挥教育功能，教育者能最大限度地施展教育理想，教育资源和教育者相得益彰。而且，教育者观念上的均衡是无条件的均衡，教育者个体和教育管理团队都要对构建和谐校园有深刻认识，达成共识，并在操作中有高度的认同感。同时，学生和教育者在成长上的均衡应当是无障碍的均衡，以使人的可持续性发展得到保证。

金沙小学的办学以开放式民主化、国际化发展为管理特色。根据办学策略，我们制定了一系列开放的民主管理制度，营造了开放、探究的学习环境，构建了探究性师生学习模式，打造了学生均衡成长项目"一对一成长计划"，最终实现人的均衡发展，建造和谐校园。

育人目标。紧扣核心价值观，金沙小学确立了独具金沙特色的学生全面发展目标：爱、德、智、体、美、劳、健、做。

爱，是希望孩子们懂得爱、珍惜爱、回报爱，做一个有爱心、有同情心的人。

健，是希望孩子们不仅拥有健康的体魄，更拥有健康、阳光的心态，用积极的态度面对一切困难。

做，是希望孩子们不仅仅会说，更会将理想付诸实践；不仅仅会想，更会将创意变成现实。敢于想象、善于合作、勇于探究是我们的目标。

在金沙小学的六年里，每一个课程、每一项活动、每一个项目都紧紧围绕这8个字对学生进行培养。让学生得到全方位的提升，为孩子们实现梦想做好准备。

金沙小学育人目标解读：

爱：爱心，我们共同呵护；未来，我们一起开启。

德：温馨甜蜜的大家庭，教给我们做人的道理。

智：展开智慧的翅膀，创造明天的辉煌。

做：敢于想象、善于合作、勇于探究。

劳：浇灌心灵之苗，绽放人生之花，劳动让我们收获。

体：顽强地拼搏，终点就是勇敢者的下一个起点。

美：在体验中感受美，在创造中拥有出色。

健：享受美食，健康成长。

图 2-12　金沙小学育人目标画册

秋天的童话

幸福

您希望孩子长大后拥有知识，

您希望孩子长大后事业有成，

您希望孩子长大后幸福快乐。

而我们更希望，

孩子们从现在开始就幸福快乐！

让我们共同努力，

成就一所理想中的学校。

梦想从这里开始，

梦想在这里实现，

孩子的未来不是梦。

金沙小学的孩子在入学之前，都会得到一本漂亮的绘本书。这本书的名字叫作《秋天的童话》，是一本关于金沙小学的学生在校生活的书，这首诗在这本书的第一页。在整个入学前的暑假，这本书由家长和孩子共同阅读，共同完成其中的互动游戏。在这一过程中，孩子们将会了解学校丰富的生活，激发孩子的学习兴趣，让孩子感受金沙秋天的美。家长们将会了解学校的育人目标和教育方式，更重要的是让家长们了解学校的办学理念，为未来六年家校共育做好准备。正如题首语说到的那样：我们一起努力，成就理想中的学校，让孩子们幸福生活，快乐学习，追逐自己的梦想。

这本书将伴随着孩子的成长而被反复阅读，每一次阅读，孩子们都有不一样的收获。学校的核心价值观，也在这本让人愉悦的小书中，慢慢滋养孩子们的心灵，让梦想的种子慢慢发芽。

5. 搭建一个健康向上的文化框架

在蓝图畅想和价值追求确定的基础上，构建学校文化建设的框架是新建学校顶层设计的核心工作，通过顶层设计来加快组织建设、构建团队文化，进而促进学校快速发展。

健康向上的学校文化会促进学校的发展，反之则会阻碍学校的发展。研究发现，学校文化建设应包括四个层面，即精神文化、制度文化、物质文化、行为文化。

学校精神文化。精神文化的客观存在，影响着一个学校的生存与发展。学校精神文化体系主要包括学校办学理念、学校发展目标等几个方面。作为学校内核的精神文化与价值体系，指导着整个学校的办学和发展方向。

学校制度文化。学校的各种制度、学校内部行为主体对这些制度的认识和态度、制度执行情况等，构成了学校的制度文化。制度文化为学校的发展提供重要保障，使得学校各级组织的工作乃至全部校园成员的活动有了依据，确保教学、实践等各方面的活动顺利进行。

学校物质文化。学校物质文化是指由校园所处的外部自然环境、校园内部的规划格局以及校园建筑、雕塑、绿化和文化传播工具等各个方面所形成的文化环境，既包括校园整体环境，也包括各种教育教学设施，是学校赖以存在和发展的物质基础和条件，是学校精神文化的载体。其以"润物细无声"的方式发挥学校的育人功能。

学校行为文化。行为文化是指行为本身和通过行为所表现出来的社会心理、思维方式、思想观念和风俗习惯等文化形态。校园行为文化主要由学生行为、教师行为及其他学校成员的行为构成，而师生行为文化居主导地位。行为文化是精神文化、物质文化以及制度文化共同作用在学生、教师等学校主体上的具体表现。

因此，我们可以认为，精神文化是灵魂，制度文化是保障，物质文化是载体，行为文化是落实。学校文化的核心层是学校的核心价值观——精神文化、制度文化构成了学校文化的基础层，物质文化和行为文化共同形成了学校文化的外显层。

图 2-13　学校文化框架图

新时期，教育事关民族兴旺，学校文化建设是推动教育改革的重要手段。在这种背景下，我们精心构建学校文化就是一个最真实、最有效的学习和创造过程。

陶西平先生指出，学校文化建设应当有差异性地策划。学校文化既是一所学校各种物质和精神形态文化相互整合的产物，又是此学校区别于彼学校的重要特征。每所学校都要根据自身的历史特点和环境特点，努力形成自己的文化特色。文化特色的形成，一方面有助于陶冶学生的情操，激励学生以校为荣的进取心；另一方面可以成为学校改革的切入点，进行深入的教育改革和特色实验，同时有助于通过学校的特色创造学校的品牌。

为此，我们组建了学校文化研究小组，立足金沙这样的文化根基，分析教育发展的规律，寻找师生共同追求的价值目标，创造适合师生幸福生长的环境。这个过程中，我们查阅了大量的资料，发放了大量的调查问卷，走访了众多同类学校，请教了文化建设领域的专家，围绕精神文化、制度文化、物质文化、行为文化四个层面，反复讨论建设方案。

案例

核心理念构建历程

"追逐梦想，从心绽放"是金沙小学的办学理念，这八个字经历了漫长的历程才得以确定。核心词是"梦想与创造"，源于陶西平先生在金沙写下的"展开智慧的翅膀，创造明天的辉煌"，最后凝炼出这八个字理念。我们征集了全校师生和家长的上千个答案，研究组选择了几十个备选答案进行筛选，最后选出最好的几个，由专家点评和精炼，无数次讨论，经常让我们无比兴奋、争论不休。一年多的时间，我们终于定下了这八个字，专家组要求我们继续反证这八个字的适切性，将形成的八字格言再发给学生和教师解读，看看是否达到了金沙师生共同追求的核心价值。

图 2-14　学校办学理念

物质文化≠物质，而是一个组织中的人对待物质的态度和方式；制度文化≠制度，文本中的制度可能相似，但人们对待制度的态度、方式和执行状态截然不同；精神文化≠精神，精神文化的核心不是名言警句，而是名言警句的生成过程，是人们对待名言警句的态度、做事方式和状态，是其在学校中的合理合法性。文化建设最重要的是组织成员对待物质、制度、精神的行为方式和态度的迁善。

学校文化建设不是教育的噱头、教育的秀，而是教育的良心、教育的根，它需要教育的智慧与真情。"没有爱就没有教育，没有梦想就没有创造！"这是我们的工作格言，也是引领金沙团队战胜困难的精神支柱。我们在反复的研究和实践中不断地寻找问题、解决问题、反思问题，在与专家对话中，感受到什么是智慧的思考方式、严谨的工作态度。我们个人的修养和素质在不断地提升，对教育的认识也在不断地加深。

金沙小学的文化建设过程，是我们寻找学校优势生长点的过程，也是我们努力转化学校劣势条件的过程。我们寻找学生、家长、教师和社区的可用资源，寻找文化建设中与民族文化相关的元素，寻找文化建设中与世界文化对接的点，一切有利于学校发展的要素都是我们在学校文化建设中所思考和利用的。有了外部的压力和自身发展的挑战，这所新学校的文化建设快速构建起来，并且在短期的实践过程中创造了教育的奇迹。

学校文化永远在路上，走比等更重要。

第三章
化文而生

　　2007 年 4 月，期待已久的金沙遗址博物馆正式开馆，引爆了人们对"古蜀文明"的极大热情，人潮蜂拥而至。

　　同年 9 月，刚建成不久的金沙小学正式开学。金沙小学是成都市青羊区教育局主管下的公立学校，与金沙遗址博物馆毗邻而居，激发了学校周边居民对优质教育的强烈渴求。

　　两个不同领域的文化标志，在全社会和彼此的期待中走到了一起。

1. 文化因袭——承"金沙"而来

与"金沙"有关的一切，蕴含着丰富且可利用的教育资源。但是，我们不能简单地将其引入学校，而需要对这些资源进行活化，充分挖掘其深厚的文化底蕴，进而科学、有效地将其运用到学校文化建设中。

金沙元素的挖掘与使用分为原样原用、原样重组、全新设计三个阶段。在金沙还能看见这样的过程和痕迹，一部分是原样原用的，还有更多的是经过我们的理解而重新组合、加工和设计的。这样不同文化元素的使用，在整个学校呈现出不同的层次，满足不同年龄阶段的孩子和教师的需求。这样的元素使用是动态的，是发展的，是有生命力的。

(1) 艺术元素

金沙遗址博物馆出土了大量精美的金器、陶器、玉器、青铜器、石器和各种生活物品。很多物品的造型和色彩都独一无二，具有极高的审美价值。其中的太阳神鸟金箔、金面具、四节玉琮、陶罐的外形最具代表性，也有着人们公认的精美造型。除此之外，蛙形器、石蛇、石虎、蝴蝶、玉贝、金冠带、玉璋的造型也深入人心。在思考学校文化使用元素的时候，如何选择、组合、使用这些艺术元素是我们的重点。

其中，太阳神鸟金箔图案因其精美的造型和精妙的设计，作为金沙的标志性物品，被直接运用在学校设计之中。其他各种图案，则经过我们的重新修改、组合和设计，再根据学校的不同需要进行运用。

案例

太阳神鸟金箔

　　太阳神鸟金箔图案来源于金沙遗址博物馆，是中国文化遗产标志。图形外围是四只飞翔的神鸟，代表着对梦想的勇敢追逐，中心十二道顺时针旋转的光芒寓意着内心力量的绽放。太阳神鸟金箔表达了远古先民对太阳的崇拜，对光明的向往，对梦想的追逐。金沙小学的办学理念"追逐梦想，从心绽放"，就来源于这个图案。校园内经常能看到这个图案的身影，如门、屋顶、舞台、花园、雕塑、水池等。走进金沙小学，就能感受到浓浓的金沙文化。下面这幅图展现了太阳神鸟金箔图案在金沙小学门窗上的运用。

图 3-1　太阳神鸟金箔图案在学校建筑中的运用

文化的传递——金沙小学清波分校

　　下图是金沙小学清波分校的校徽，我们将金沙的重要标志物太阳神鸟金箔中的太阳光芒的图案作为主体，将向日葵的笑脸与之结合，加上清波河清澈的波浪，共同组成了金沙小学清波分校的新校徽。

图 3-2　金沙小学清波分校校徽

梦想大道——文化墙

　　四块文化墙的主题分别为立足金沙、探索金沙、回望金沙、展望未来。每面墙的中心都有一个小门洞，分别采用了金沙文物中的太阳神鸟、陶罐、玉琮、金面具图形，既是传承文化的景观，也是孩子游戏的场所。表面浮雕多采用孩子和金沙艺术品、金沙生活、未来畅想的组合，让孩子们感受到传统与现代的交融与碰撞。

图 3-3 金沙小学文化墙

梦想大道——金沙元素铜板

铜板一共有6块，每一块都具有金沙代表性的精美花纹，再配以寻梦3000年的文字。这些铜板铺设在梦想大道上面，每一天，孩子们都要从此走过，不断地感受着金沙独特的美。

图3-4　金沙元素铜板

玉琮与立柱

"玉"在人们心目中是一个充满美好与祥瑞的字眼。在金沙遗址出土的众多文物中，玉器以数量巨大、色泽艳丽、器形丰富、制作精美而引人注意。金沙出土的四节玉琮，经考证是古蜀金沙人自行研究设计制作的，具有独特的金沙韵味。我们将玉琮的造型放在了学校的入户大厅口，融合 8 根立柱，进行文化设计。我们还将对孩子们的要求"爱、德、智、体、美、劳、健、做"这几个大字镌刻其间，希望孩子们拥有如玉一般的品质，做玉一般温润的君子。

图 3-5　2007 年设计的玉琮造型

图 3-6　2011 年改建的玉琮造型

（2）文学元素

金沙遗址出土了很多精美文物，但是却没有在上面发现一段能辨识的文字。在和金沙相似的遗址——三星堆及其周边，可以找到一些类似文字的符号，我们称之为"巴蜀图语"。这样的图语至今还未能准确翻译，有些学者猜想这是古彝族或是古羌族的文字，但是也没法一一解释。在金沙，这样的符号更少，更无法进行破译。所有的考古发现都是在与中原文物的比较，与中原文化的联想、猜想中，还有一些是在《史记》《华阳国志》《太平广记》《蜀道难》的只言片语和传说中进行定位的。

关于古蜀最主要的参考文献是《蜀王本纪》《华阳国志》和《史记》。其中，《史记》中的《五帝本纪》《苏秦传》《李斯传》，《后汉书》中的《光武帝纪》，对蜀国的传世有比较清楚的记载。《路史·前纪》《太平寰宇记》对地理位置有比较清楚的说明。《蜀王本纪》《仙传拾遗》中还有很多关于古蜀人的传说和故事。

3000年前，在这片土地上诞生了辉煌的文明，创造出了繁荣的经济、雄伟的建筑和精美的艺术品。这个文明延续千年，与周边地区交流频繁，中原玉器、西亚金器、东南的象牙器皿都能在这里找到踪迹。蚕丛、鱼凫、开明是这里的统治者，他们是崇拜太阳、鱼和鸟的民族。这里的人们生活富庶，自然与人和谐共处，创作出很多口头文学作品，这些优美传奇的诗歌和故事一直传唱到了今天。

学校在挖掘金沙的文字元素时，更多地参考了金沙的文物和传说故事。没有文字虽然是我们的遗憾，但没有文字也就意味着没有禁锢。我们的思想可以无限地放飞，我们能最大限度地进行猜想和研究。金沙是神秘的，对金沙的解读，我们正一步步深入。

案例

寻梦 3000 年

这幅油画在金沙小学的入户大厅里,高约 2.8 米,宽约 7.5 米,创作时间历时半年,是为金沙建校创作的一幅主题油画。这幅图上,3000 年前的金沙人与自然和谐相处,景色优美。在太阳之子的引领下,金沙孩子们穿越时空,寻梦金沙,探秘金沙。这是我们想象中的金沙,美丽的古蜀。

图 3-7　金沙小学主题油画

案例

太阳神鸟的传说

太阳神鸟是什么样的？中国古代有"金乌负日"的传说、"后羿射日"的故事。在古蜀金沙，太阳神鸟和太阳一样伟大，这一点从出土的大量的太阳神鸟和鸟形器中不难看出。在金沙小学，太阳神鸟就是孩子们作文、绘画、创作戏剧的最好素材，是孩子们灵感的无限源泉。

图 3-8　儿童金沙剧中的太阳神鸟

图 3-9　电脑绘画中的太阳神鸟

封面作文中的太阳神鸟：

太阳神鸟——幸福之鸟

在很久很久以前，人们过着幸福的日子。直到有一天，大家觉得勤劳不再有意义，人们便丢下手中的农活，过起了滋滋润润的生活。太阳看见了这一切，非常气愤，终于有一天，它把自己变成了三种颜色的粉末，散在三个地方。从此，天空中没有了太阳，人间陷入了黑暗，人们开始恐慌，人间变得混乱，哭声喊声混成一片。只有一个人坐在原地，非常镇静。他叫金，金是一个勇敢、聪明、善良的人，金站了起来，他要为人们去寻找那三种粉末。金的举动使人们一片惊呼，人们被他的勇敢所震撼。金很快踏上了寻找粉末之路。

金旋风般地向第一个地方——火焰林奔去。风在他耳边尖厉地呼啸，像刀子似的割着他的肌肤。黑暗中，树枝像伸出的怪手不停地撕扯着他的衣裳。当他气喘吁吁地来到火焰林前，金惊讶地张大嘴巴。那是一片永远燃烧着的树林，像长蛇般飞舞的金色火焰噼里啪啦地响着。在这一瞬间，金害怕了，犹豫了，可是他没有后退，因为他知道人们还在等着他，等着他让天空重新布满光明。金想到这儿，便向不远处的一潭湖水奔去，这时的湖水已结了一层厚厚的冰。金用树枝和手来挖冰，金的鲜血流了下来，滴在冰上，就像一朵朵梅花。金挖了一天一夜，湖水奇迹般融化了，他跳进湖里，使自己全身湿透，金又从水里爬上来，向火焰林冲去。那些飞舞的火蛇开心地发出咝咝声，向金扑来，金身上的水分很快蒸干了，他感到尖锐的疼痛，金飞速狂奔，当他穿过火焰林时，浑身是水疱和伤疤。终于，在火焰林的尽头，一堆金色的粉末出现在他面前。金终于找到一种粉末了，他不顾身上的伤口高兴地朝着下一个地方——吃人树走去。

当金望着不远处张牙舞爪的吃人树时，他想得有个办法来挡住吃人树。忽然，他灵机一动，折了许多树枝，朝火焰林跑去，他把树枝拢在一起，用火把树枝点燃，然后朝吃人树跑去。金用火把吃人树烧得遍体鳞伤，很快就通过了吃人树，找到了第二种绿色粉末。眼看只差最后一种粉末了，金高兴得不得了！

金又朝前走，到了最后一个地方——蓝湖。金纵身跳进水里，忽然水里出现了一个面目狰狞的水怪，这水怪有着强大的法力，是一个凶恶的妖怪。金刚抬起头，水妖就把金变成了一只金色的大鹏，而且经水怪施过法术的人永远也不能变回来了。金飞了起来，飞到了刚才的冰湖，在湖里用水把自己打湿，再叼起一片芭蕉叶，飞到火焰林取了许多火种，然后飞到水怪那儿，对准它的头，把火种倒在了水怪头上，随着一阵哀叫，水怪被蒸发了。蓝湖中升起一包蓝色的粉末，金叼起了粉末，高兴地围着蓝湖飞了又飞。

金很快地飞了回来，它把三种粉末混合起来，用自己的翅膀把粉末撒到了空中，随着一阵刺眼的光芒，天上出现了一个耀眼的太阳，人间又重新有了光明，人们欢呼了起来。金为寻找太阳而牺牲，人们把他刻在了一枚金色的圆盘上，做成了一个金箔，以此来纪念他。从此，人们也变得勤劳了，并且把太阳神鸟当作幸福的象征。

直到今天，人们在金沙掘出了这枚金箔，并把它放在博物馆，让全世界的人来欣赏这枚金箔。在我眼里，太阳鸟永远是我们幸福的象征！

（金沙小学太阳鸟文学社　韩婷婷）

2. 社区支撑——泡在"金沙"里

金沙社区的每一个元素都能成为学校文化生长的营养素。然而，在利用周边资源建设学校文化过程中，单纯地引入并不能有效发挥这些资源的价值。

为了实现周边资源价值的最大化，我们进行了机制创新，转变资源利用方式，积极推进各种资源的充分挖掘与整合，加速了学校文化建设步伐，提升了学校文化品位。

（1）用好博物馆这个第一资源

金沙遗址博物馆是我们的第一资源。

2007年建校时，金沙小学就和金沙遗址博物馆签订了"精神文明共建友好单位"协议，建立了单位沟通渠道。在博物馆的帮助下，学校开设了一系列金沙文化体验活动和金沙文化课程。

从另一方面看，这种影响也不是单向的。学校与博物馆间的交流合作，对博物馆也起到了触动作用，促使其文化教育、社会教育功能得到增强，会有更多的学生和家长选择来到博物馆。金沙遗址博物馆不但是金沙小学的素质教育基地，更作为爱国主义教育基地，为成都市的广大青少年服务。

金沙小学和金沙遗址博物馆共享金沙文化大餐，达成了文化双赢的初衷。金沙遗址博物馆在每年春节前后都会举办太阳节和融合了成都特色的灯会、庙会等活动，还会有大量专业的节目表演、游乐活动等。太阳节期间正值寒假，学校安排联系人和博物馆协商，希望能带学生到太阳节上参加展示活动。这一想法立即得到博物馆的响应，他们迅速安排学生展示时间，发出宣传海报。学校也立即安排带队教师，联系学生家长……一系列准备得到了各方的鼎力支持。学生表演时，观众特别多，掌声一阵高过一阵，超出了专业演出营造的气氛。从这以后，博物馆的大型活动都会事先通知学校，邀请学生参加，孩子们活泼生动的表演则成了金沙遗址博物馆的特色活动。

"太阳节"。世界上有五大太阳崇拜和太阳文化发源地，分别是古中国、古印度、古埃及、古希腊和南美的古印加帝国。金沙遗址是继三星堆后四川最重要的考古发现，相继出土的1200多件珍贵金器、玉器、石器、青铜器、象牙器震惊世界，这些出土文物中最著名的当属太阳神鸟金箔。太阳神鸟金箔图案象征着光明、生命和永恒。通过金沙"太阳节"，我们期待向更多的人展示"金沙"这张美丽的成都名片，展示"金沙小学"这道亮丽的风景线。通过学校师生多彩多姿的表演和活动，把好多人觉得生涩的历史文化用浅显易懂并且时尚新奇的方式表达出来，让更多人了解了金沙的历史，感受历史的魅力。

案例

金沙小学"太阳节"活动方案

活动目的：放松心情、丰富生活、展示风采，过一个快乐的太阳节。

活动对象：全体金沙小学师生。

活动主办：成都市金沙遗址博物馆。

分会场活动承办：成都市金沙小学。

活动地点：成都市金沙遗址博物馆。

活动时间：2010 年 2 月 22—26 日（自 2010 年起，每年春节期间均举行金沙太阳节）

表 3-1 活动具体安排表

时间	参与人员	活动内容	备注
2 月 22 日周一下午 2：00—3：00	3—6 年级师生	节目表演 互动游戏	节目主题： 金沙文化 节目形式： 舞蹈、唱歌、小品、讲故事等（由各年级、班级编排） 互动游戏： 师生及游客均可参与，准备小礼物分发奖品
2 月 23 日周二下午 3：00—4：00	2 年级师生	节目表演 互动游戏	
2 月 24 日周三下午 3：00—4：00	1 年级师生	节目表演 互动游戏	
2 月 25 日周四下午 3：00—4：00	幼儿园师生	节目表演 互动游戏	

续表

时间	参与人员	活动内容	备注
2月26日周五下午 1：00—3：00	全校师生	大型主题演出 节目清单（暂定）： 1. 金沙诗诵 2.《太阳之子》表演唱 3.《牛仔舞》 4.《儿童金沙剧》（3幕） 5.《有奖问答》 6.《小合唱》 7. 群舞《花裙子》 8. 时装秀《我型我秀》 太阳节游览	

博物馆日。相比其他学校，与金沙文化息息相关的金沙小学多了一个节日——博物馆日。每年博物馆日，学校都会和博物馆商议学生如何参加博物馆活动，有时是游园，有时是参观，尤其是学生成为小小解说员为游客们义务讲解的活动，受到了家长和社会的一致好评。

案例

媒体对学校活动的报道

小学生也过博物馆日

　　以前到金沙遗址博物馆参观都是专业解说员进行解说的，今天怎么还有小孩子来解说呢？

　　原来，是金沙小学的学生来到了金沙遗址！今天是一个有意义的日子，5月18日是国际博物馆日，金沙小学早早地就和金沙遗址博物馆的叔叔阿姨们周密策划，要在金沙遗址博物馆建设金沙小学的素质教育基地。这不，才早上9：00，金沙小学的学生就来到金沙遗址博物馆，站在了有名的太阳神鸟金箔塑像前，开始了今天的活动。

　　首先，金沙小学钟樱校长和金沙遗址博物馆副馆长任叔叔共同揭开了"成都市金沙小学素质教育基地"立牌，这标志着两个单位的文化建设有了实质性进展。早在2007年教师节，金沙小学就与金沙遗址博物馆签订了文明共建协议，本次素质教育基地的挂牌，将有力推进区域文化建设进程，成为区域精神文明建设的典范。

　　接着，金沙小学的学生进行自主活动。学生们纷纷拿出早已准备好的"行头"，有的装扮成大象、有的打扮成梅花鹿，还有的成了快乐的小鸟……大家在草地上组成团队，有的朗诵国学经典，"人之初，性本善"、"弟子规，圣人训"……朗朗的读书声此起彼伏；有的表演英语小剧，抑扬顿挫而又稚嫩的英语惹人羡慕；有的干脆讲起了古蜀传说故事，手舞足蹈演绎先民生活……

　　最有意义的当然是当小解说员了，金沙小学的学生站在熠熠生辉的文物旁，向游客们字正腔圆地介绍文物特点，引来观众们热烈的喝彩，连专业的博物馆解说员也连连称赞呢！

　　金沙小学钟樱校长说，素质教育是关系祖国未来的大事，落实素质教育是教育工作者义不容辞的责任和义务，学校和博物馆等社区单位联手，共同推进素质教育走向深入是社会发展的必然要求。小学生走进博物馆，拓展了他们的视野，增强了他们的民族自豪感和责任感，丰富了素质教育的内涵和外延。

　　据了解，不少发达国家博物馆向教育开放已经很普遍了，本次金沙小学博物馆素质教育基地的形成将是国内素质教育的一个有意义的尝试。

　　校外辅导员。教育资源不仅仅是实物，博物馆的管理制度、人员的专业素养都是重要的资源。金沙遗址博物馆的金牌讲解员、全国"五一劳动奖章"获得者胡晓蓉老师有着精湛的讲解艺术、高度的敬业精神。她本身就是一部教材，和孩子们在一起就会带来高效的学习。据说，她为很多专家学者

图3-10　胡晓蓉老师为全校师生讲解金沙文化

讲解过金沙遗址博物馆文物的由来。我们请胡老师作为校外辅导员，为孩子们讲金沙文化，培训孩子们如何讲解金沙文化，取得了良好的效果。

图 3-11　胡晓蓉老师亲自指导怎样讲解文物

"金沙讲坛"。金沙遗址博物馆定期举行一场文化盛宴——"金沙讲坛"，聘请国内外知名文化名流或专家学者进行讲学，内容以书法、绘画、音乐、民俗、舞蹈、服饰、文学、科学、修养礼仪、法律维权、婚姻家庭等为主，均为实用性讲座。市民免费参与，目的是普及哲学社会科学知识，提高公众素质。于丹、张国立、水均益、易中天、阿来、张卫平等知名人士都曾来献讲。

在金沙小学，我们也举办了同名的"金沙讲坛"，定期开展阅读推广、家长学校、健康安全讲座等。参与演讲者除了专家学者、警察医生，还有很多学生和教师。除了在学校里面讲，我们的讲坛还面向社区。通过预约，任何人都能参与演讲或是参与聆听。这样的学习方式不仅大力提升了家长、学生、教师的文化素质，还整体提升了金沙的文化品位。

图 3-12　金沙讲坛——消防讲座

图 3-13　金沙讲坛——杨红樱来了

　　另外，我们还定期在博物馆开展多种多样的活动："与太阳神鸟金箔面对面"，带给所有人庄严的仪式感；"参观金沙遗址"，引导学生深入理解金沙文化；"在博物馆办美术展览"，带来学生别样的成功体验；"在博物馆讲故事"，不仅仅是对绿色大自然的感悟，更是文化的熏陶……我们的目的是，在开展丰富多彩的金沙文化体验活动的同时，让宝贵的文化资源滋润学生的心田。

图 3-14 与太阳神鸟金箔面对面

图 3-15 师生一起参观金沙遗址博物馆

图 3-16 金沙小学在金沙遗址博物馆办美术展

图 3-17 在博物馆里讲故事感觉真棒

（2）活化社区资源促三方联动

2010年，根据成都市"城乡统筹"要求，在青羊区教育局的统一部署下，我们以金沙小学为龙头、成立了"成都市金沙小学集团"，包括金沙小学本部、金沙幼儿园、金沙小学清波分校、蒲江金钥匙学校托管校区。本部现有AB两座校区：A校区位于成都市金阳路90号，属于高段部；B校区位于成都市金瓯路379号，属于低段部。

图3-18　金沙小学A校区

图3-19　金沙小学B校区

　　为了贯彻国家教育均衡政策，解决片区居民"入园难"问题，2014年，金沙小学在金沙片区（成都市金阳路 68 号）率先开办了公立幼儿园。

图 3-20　金沙幼儿园

学校的发展与所在社区的发展息息相关。使用好社区资源既有利于学校发展，又能造福一方百姓，是双向发展的好事情。金沙小学自建校之初，就决心将社区资源充分挖掘、活化，将社区、家长和学校的发展联动起来，为孩子们打开更广阔的学习空间。为此，学校创新机制，建立各种组织、学习中心等，有效整合社区资源，发挥资源的最大价值。

建立家委会。全体家长都是教育者，我们在班级成立班级家委会，让家长对班级事务进行管理和监督，在此基础上成立校级家委会，让家长对学校事务进行管理和监督。学校还成立家长中心，专门负责家长工作，更多家长来到课堂，为孩子们带来不一样的文化体验，家长对学校工作进行审议和考核，学校工作更加科学、顺利。

在家委会的基础上，学校还组建了"民管会"，发动社区、友邻单位等关心教育的人士，实施对学校教育教学的监督和指导。

图 3-21 家委会活动剪影之家长为教师做培训

图 3-22　家委会活动剪影之家长和学校一起为学生安全护航

图 3-23　家委会活动剪影之学校活动也有家长的支持（妈妈当了啦啦操队长）

图 3-24　家委会活动剪影之家委会审议学校工作

　　学校的家长资源很丰富，家长走进学校，参与学校管理，不但可以解决学校人手紧张的问题，还可以促成家长和学校的深度交流，达成相互理解。家长是愿意参加到学校各种活动中的，只是很多家长不知道如何走进学校。这时，学校建立家委会，让家委会在家长中心的指导下开展工作，家长就有了畅通的渠道来和学校进行沟通，就有了有力的机构来帮助家长资源成为学校的教育资源。

　　在金沙小学，家长走进课堂参与课程建设已经成为课程文化的重要部分。家长们各展其才，有的开设选修课，有的做讲座，极大丰富了学校课程。在学校文化的渲染下，家长自觉参加学校活动，在活动中承担任务，也已经成为学校一道亮丽的风景。家长也是学校文化的建设者，这已经在金沙家长中成为共识，成为学校文化的一部分。

　　社区学习小组。金沙的家长们都具有较高的素质和文化修养，这对我们来讲是一件好事，但是怎样将这样的好事变得更好呢？何况，学校教育已经悄无声息地进入了全新的"三独"时代——独生子女学生、独生子女教师和独生子女家长在小学校园里"会师"，孩子教育对大多数家长来讲都是第一次，容易令人产生困惑和矛盾。调和"三独"现象引发的教育问题，最好的办法是大家都加入学习。因此，学校尝试建立"社区学习小组"。

在班主任的建议和督导下，住址相对集中的家庭建立社区学习小组，一个小组一般由5—8人组成，由家长轮流组织小组活动。

图 3-25　星期天，我们走近科学

通过这样的集体学习，学生能充分利用课余时间对自己的知识性欠缺进行有效的查漏补缺，同伴的讲解更容易接受，学习效果甚至比上课还好。同时，社区学习小组搭建了家长横向和纵向相结合地观察孩子的平台，他们清楚地知道自己孩子在群体中的表现，从而实施针对性教育。更重要的是，让家长找到与孩子交流的方式，可以更好地实现家长和孩子之间的有效交流。社区学习小组补充了学校教育的不足，很快受到孩子和家长的欢迎。

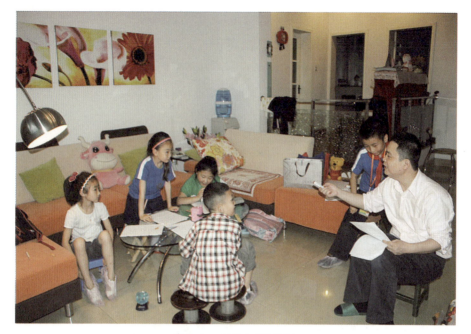

图 3-26　爸爸也来当教师

几年时间下来，家长尝到了甜头，他们自觉制订小组活动规划，不光组织学生一起做作业，还组织学生开展社会实践、参观旅游等活动，家长们变成了好朋友，孩子们更是找到了学习和生活的乐趣。现在，一年级的家长进校就开始组建社区学习小组；六年级学生虽然毕业了，但其家长的学习小组依然保存。社区学习小组有效地拓展了学校教育的宽度，学校文化也因此而生动起来。

构建社区学习中心。学校应该成为社区精神文明建设的中心，市民学习资源交流分享的中心。因此，我们秉持着开放的理念，满怀着创新的激情，始终热切地渴望与社区的每一位居民分享现代化、温馨和谐的校园与教育支持。

在学校 A 区文化建设的基础上，B 区设计时，将社区资源更深入地引入学校文化建设中，展示学校植根社区发展的历程，充分将一楼大厅、功能室作用与社区学习实践结合，开设了阅读学习区、服务咨询区、文化体验区、体育运动区、生活体验区，既让学生的学习实践空间更广阔，也为社区居民的终身学习提供资源。2013 年 5 月，我们在金沙小学 B 区构建了"社区学习中心"。

成都市民校园学习体验中心青羊金沙小学分中心作为青羊第一个以引导社区居民健康生活、快乐学习为宗旨的公益性教育组织，致力于建设和发展一所没有围墙的大学校，通过各类学习、娱乐、交流互动项目，结合各种特色实践活动，打造能满足社区人员需求的综合型、资源型、宣传型、健康型、引导型的资源空间和学习平台。每天下午放学后，或是周末，社区学习中心向市民全面开放。市民们通过课程预约，即可参与各项活动，如篮球、烘焙、茶艺、网上冲浪、金沙讲坛等各种课程。

通过推动校园的全方位开放，各个年龄段、不同教育背景的社区居民都能从中受益。这里能够成为大家分享和探讨、学习与融合、休闲与运动的第一选择，为提升区域教育品质、建设面向未来的教育事业做出积极贡献。我们梦想着开放的学校将引领未来教育的方向——学校成为学习组织的焦点、成为社会文化的核心。

表 3-2 市民学习体验课程表（部分）

时间		地点	课程名称	指导老师
5 月 28 日	15：00—17：00	E 网空间	网络培训	钱老师
5 月 29 日	15：00—17：00	品味金沙	茶艺体验	熊老师
5 月 31 日	16：00—17：00	阳光操场	舞蹈训练	张老师
6 月 1 日	10：00—11：00	阳光操场	亲子运动会	柳老师
6 月 4 日	16：00—17：00	金沙讲堂	心理健康	黄老师
6 月 7 日	16：00—17：00	品味金沙	茶艺体验	钟老师
6 月 9 日	17：00—18：00	E 网空间	快乐冲浪	钱老师
6 月 12 日	17：00—18：00	金沙讲堂	民俗文化谈	周老师
6 月 14 日	16：00—17：00	快乐食代	蛋糕烘焙	钟老师
6 月 15 日	16：00—17：00	快乐食代	蛋糕烘焙	钟老师
6 月 18 日	16：00—17：00	咨询服务室	医疗保健咨询	钟老师

社会实践活动基地。金沙国际商城是金沙的经济中心之一。其旗下的成都西单商场于 2005 年 1 月 1 日开业，面积约 3 万平方米，是集大众时尚百货店、大型综合超市及休闲娱乐餐饮于一体的区域大众时尚特色百货商场，被成都市消费者协会评为"诚信单位"。金沙万瑞中心则与西单商场一路之隔，由三栋现代的商务办公楼宇组成，总建筑面积 15 万平方米。在我们的大力开发下，金沙国际商城已成为金沙小学的孩子们进行数学、地理、科学、生活等社会实践活动的教育基地。成都市公安消防支队特勤大队三中队成立于 2004 年 12 月，毗邻金沙小学 A 区。除担负金沙片区的常规火灾及救援以外，还担负全市高层建筑火灾、水域救援乃至全国各地的跨区域应急救援等任务。该中队和金沙小学联合建立了"全国中小学生消防安全教育社会实践基地"和"四川省消防安全教育基地学校"，有效推动了全民消防工作。

图 3-27　金沙小学学生在金沙万瑞中心开展书法活动

图 3-28 金沙小学的"太阳公民们"走进消防支队

3. 自主建构——生长的"金沙"

在与金沙文化的碰撞中，金沙小学并非以被动接受者的面貌出现。在我们的手中，金沙文化看得到、听得到、摸得到。在我们的校园里，有着活生生的生长着的金沙文化。

概括来说，能够展现出来的学校文化包含各种物质文化和行为文化，包括标识体系的打造、视觉系统的营造、语言系统的展现、校园环境的建设、学校课程的架构、特色活动的构思与设计，等等。一系列图像、声音、语言、文字、行为全方位地展示了学校的文化内涵，将学校的核心价值观深深植入每一个金沙人的心中。

我们以"寻梦金沙"为主题打造学校标识系统，将金沙元素作为创作Logo 的图形和色彩的素材，将学校的精神与文化加以形象化、系统化地设计和应用，形成学校独特的品牌形象，提高识别度，给校内师生和社会各界都留下了不可替代的深刻印象。

学校聘请了专业设计师，从建校开始就参与学校的文化建设讨论，熟悉金沙文化和新学校的文化内涵，做出了一系列提升金沙品质的设计。VI系统中严格规定了标志图形标识、中文字体字形、标准色及组合形式，从根本上规范了学校的视觉基本元素。在日常应用时，我们严格执行了 VI 系统的标准，不断完善和美化学校在公众中的印象。

（1）一看就知道的金沙

我们的校园里有不少代表性标识，所有的标识和图案都紧紧围绕金沙文化和梦想两个主题。通过这些标识，学生可以感受到浓郁的金沙文化氛围，不断感悟金沙博大的胸襟，寻找并坚持自己美丽的梦想。

校徽。校徽以金沙小学首字母"j"变形展开，顺时针构成了太阳神鸟形象。图案蕴含了智慧之眼、创造之手和梦想之翼，寓意着用智慧的双眼发现、探究世界，用灵巧的双手丰富、创造生活，用日益丰满的羽翼承载理想，飞向未来！校徽由红、橙、黄、绿、蓝五组色彩有机构成，象征着金沙孩子五彩的梦想、美好的未来。

图 3-29 金沙小学校徽

吉祥物——太阳之子。吉祥物的名字是太阳之子,它是孩子们最好的朋友和亲密的伙伴。它将陪伴着孩子们阳光、快乐、健康地成长每一天!

图 3-30　金沙小学吉祥物

"金沙建校三宝"——小脚印、七彩的梦、成长的高度。

小脚印。学校文化墙下两侧铺设的陶砖上是 2007 年 9 月开学典礼

图 3-31　金沙小学小脚印

上第一批金沙学子踩下的小脚印，寓意着金沙学子的梦想之旅从这里开始，成长之路从这里开始。自此以后，每年的开学典礼，新生都会和家长们一起印下求学路上的第一个足迹，开始脚踏实地的学习生活。

　　七彩的梦。这座雕塑有七个颜色，是七个孩子的侧面，头部装饰着美丽的金沙太阳神鸟图案。这座雕塑象征着金沙文化启迪孩子们的智慧，放飞七彩的梦想。从侧面看，雕塑的进深透视能展现出特殊的光影效果。学校每一位师生和每一位来访的客人都喜欢在这里合影，带走属于自己的七彩梦。

图 3-32　金沙小学 A 区七彩的梦

图 3-33　金沙小学 B 区七彩的梦

成长的高度。"成长的高度"雕塑一面是一摞书,另一面是量身高的尺。孩子们喜欢在这里测量身高,在他们看到自己身高的尺寸时可以看到对应书籍的厚度。这个雕塑告诉孩子们身体在长高的同时,知识和才能也应该同时增长。顾明远会长送给这个雕塑六个字——"长身体,长知识"。

图 3-34　"成长的高度"雕塑

校花——向日葵。向日葵涂满太阳温暖的色彩，总是努力朝向太阳，充满了积极向上的力量。向日葵是金沙小学的校花，是孩子们快乐的笑脸，同时也是金沙小学的校刊刊名。我们把向日葵传递给清波分校，传递给金沙幼儿园。在金沙小学的校园里，每一朵向日葵花都会盛开，各有各的姿态，各有各的美丽，为了金色的梦想，每一个人都努力绽放！

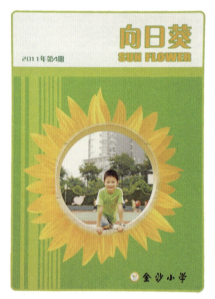

图 3-35　金沙小学校刊

图 3-36　金沙小学清波分校葵园

图 3-37 金沙小学清波分校大厅

图 3-38 金沙幼儿园吉祥物

金沙梦工场。金沙梦工场设立在学校门口，这里是孩子们自主展示的场所，是向社区开放的舞台，是孩子们展示梦想的地方。梦工场的立柱由7个颜色构成，代表了学生多彩丰富的生活。在这里，长期开展着经典诵读、金沙故事会、表演唱、太极等活动，舞台上孩子们欢声笑语、风采奕奕。金沙梦工场见证着孩子们的点滴收获、快乐成长。

图 3-39 金沙小学的梦工场

图 3-40 蒲江金钥匙学校梦工场

（2）刻印在心里的金沙

语言与文化有着密切的关系，文化决定语言，语言表达并影响和反作用于文化。学校文化的价值观需要通过语言来体现，其独特的语言表现便是学校文化个性的生动体现。

我们在学校建立了学校语言系统，用丰富的文字阐释着学校价值观，并将这些简洁的文字刻画在墙壁上，让每个金沙人不断地熟悉、咀嚼、表达。最终，这些美丽的语言流淌在每个人的心里，成为学校文化发展的动力源和师生身心健康发展的营养素。

"梦想无止境，成功无捷径。" 金沙是梦开始的地方，我们希望孩子们拥有美丽的梦想。实现我们的梦想需要拥有坚定的意志，需要我们脚踏实地的努力和勤奋的学习，还需要我们付出很多东西。梦想的空间可以无限，但是没有经过努力的梦想，只能是空想和幻想；成功没有捷径，实现梦想不仅需要极大勇气，更要一步一个脚印地去践行。学校将"梦想无止境，成功无捷径"放在梦想大道的尽头，使孩子们在梦想之路上勇敢前行。

"像爱孩子一样爱学生，像爱家一样爱学校。" 对于"爱校如家"，每个学校都有不同的解释。在金沙，爱校的具体体现其实很简单——"像爱孩子一样爱学生，像爱家一样爱学校"。只要对学生如同对自己的孩子一样，有耐性、有爱心；对学校如同对自己的家一样，爱惜、珍惜，学校就会成为一个温暖的大家庭。学校将这个标语放在了阳光会所（食堂）。

"要求学生做到的，教师必须先做到！" "要求教师做到的，行政教师必须首先要做好！" 这是身正为师的两个梯度的要求。对孩子的教育应该是全面的，教师的模范带头作用对学生的成长影响非常大，尤其是我们的班主任老师。所以，要求学生做到的文明行为和习惯，教师需要起带头作用，率先垂范，如不浪费、用礼貌用语、爱阅读、爱劳动、有责任感、能担当。在教师中间，行政人员就是标杆。教师没想到的，行政应该先想到；教师能做到的，行政应该做得更好；青年教师的成长，更是需要行政教师的引领和示范。学校将第一条标语放在了每一间教师办公室，将第二条标语放在了行政办公室。

图 3-41 陶西平先生来学校指导工作

"我的心是孩子的!" 这句话是陶西平先生送给全体教师的,放在了五楼教师学习俱乐部。对于教师来说,这句话有三个含义:我的心是属于孩子的;我的心里装着孩子;我有一颗孩子般的心。这是教师做人的准则和工作的标准,是教师的立身之本——全心全意为学生服务。

(3)是孩子都喜欢的金沙

在金沙,儿童永远是主角,校园里所有设施都是针对儿童的生理和心理特点设计的,如文化墙、小脚印、七彩的梦、成长的高度、开放式图书馆、开放式艺术馆……没有讲台的教室,通透的教师办公室,让教师与儿童拆除了心灵间的"围墙";专业的各种功能区实现了信息的最大化、使用效率的最大化。金沙小学以学生为主体构建开放式学习环境,通过物质环境、行为环境、文化环境的建设,营造温馨舒适的生活化学习空间,造就和谐的环境、和谐的教育。

平等的教室、实验室文化。金沙的教室没有教师的讲台，教师工作区设在教室的一角，教室不再是教师独舞的舞台，而是学生学习的空间，教师是学生学习的伙伴。没有教师高高在上的讲台，消除了教师与学生的"界限"；白板的高度适当地降低，让孩子从内心感受到被尊重。为了让孩子在学习过程中平视教师和白板，工作区里设置了多媒体设备与实物展台，严密计算了液晶显示屏的高度与位置，教室使用了透光窗帘，而靠近显示板的第一面窗户使用了遮光窗帘，让教室里每一个孩子能更清晰地看到白板与液晶显示屏上的图像。为了切实减轻儿童学习负担，教室里为每一个孩子准备了书包柜，供孩子放置学习生活用品。这一切使孩子的书包轻了、坐姿正了，通道更宽敞安全了。为增强孩子的自信心，我们把教室的一面墙开辟为学生个性展示墙，为每个学生提供一块不大的张贴板。这样，教室里就不仅有供每个学生输入信息的平台（课桌），还有了供每个学生输出信息的平台（个性张贴板）。

图3-42 学生个性张贴板

开放的走廊文化。金沙小学的走廊宽窄搭配协调，我们充分利用空间，建设开放的主题空间。地下一层是开放的体育馆；室内一层以求真为主题，构建开放的科学馆，发现与探究是成长的开始；二层以求善为主题，构建开放的文学馆，汲取与反思是成长的基石；三层以求美为主题，构建开放的艺术馆，欣赏与感悟是成长的萌动；四层以求实为主题，构建开放的展示馆，创意与绽放是成长的见证；五层的教师俱乐部是开放的教师空间，为教师自主发展提供优越的环境。

　　金沙小学没有传统意义上的图书馆和阅览室，学校30000本图书化整为零到教学楼各层走廊上。一楼大厅走廊是科学图书馆，二楼是文学图书馆，三楼是艺术图书馆，四楼是家长教师展示馆。班级外走廊是各班级的小小图书馆、展览馆、艺术展板。下课铃声一响，学生离开教室的同时就"进入"了图书馆。学生可以借阅自己喜爱的任何一本图书，也可以根据需要查阅任何书籍。所有走廊的墙壁沿脚为孩子们设计了木凳或书写台，中心区域沿廊柱设置了软皮沙发或书写台，角落区域设置了地台，以供孩子们方便舒适地阅读和研究。开学至今，学校开放的图书馆没有丢失一本书，只有阅读后正常的破损。

图 3-43　开放的图书馆

　　五楼是开放的教师图书馆、电子阅览室，教师可以在这里得到最新的学术期刊和各类资讯。课间，教师会聚到五楼学习、讨论、教研。这充分体现了学校开放、探究的特色。金沙小学营造了和谐的师生学习氛围，充分展示学校深厚的文化底蕴，挖掘潜在课程资源，培育学校的文化精神。

图 3-44　开放的教师图书馆、电子阅览室

　　多彩的角落文化。金沙小学开放的教育环境里没有教育空白和死角，就算是走廊的尽头和角落也可以进行设计、布置，和教育资源的整合，成为教育环境中必需的一部分。学校把这些小巧零散的空间进行私密化、儿童化或家庭化的设置，建设成个别交流区、个别化学习空间、家庭化活动休闲空间等，以满足学生不同的精神需要。金沙小学的每个角落都形成一种特色文化，开放式教育环境的多目的性、多功能性和高效性在这里实现。

　　富有个性的特色空间。我们设立特色空间——男娃娃教室、女娃娃教室、廉政文化教室、安全教室，儿童社会情绪学习教室等，全方位地关注

图 3-45　学校某个角落的文化展现

学生成长需要，极大地丰富了学生的生活。同时，还开设了符合儿童心理特点的校本实验课程，让学生的兴趣得到最大限度的培养和发挥，使其个性得以展示和张扬。

　　学校的设计者之一、上海中同学校建筑设计研究所所长吴奋奋认为："书写面的展示功能为 K 级，张贴面是 M 级，而陈设面就是 G 级。金沙小学的教室和走廊的信息都是 G 级的，而且刷新周期很短。通过教室和走廊墙面的科学设计，金沙小学拥有强大的知识信息展示平台，可以提供给学生最新、最丰富的信息。同时，我们还开始考虑到了学生学习的舒适性，难能可贵。"

第四章
以文化人

学校文化在制度文化的建设中得以良性生长，在团队文化的构建中得以实现。人们在讨论制度建设时，很容易陷入制度的"圈套"，而忘记了文化。制度和文化本是组织的二位一体。制度是文化的沉淀，文化是制度的精华。制度和文化之间，文化是本，制度是位。在学校建设中，文化选择优先于制度选择。

金沙小学的经验表明，新建学校的文化是可以有意识、有目标地让其生长的。新建学校文化的生长依托于我们对学校文化资源的深度挖掘、开发与使用，从人的资源到社区的资源，从自然资源到人文资源。

在这一过程中，除了活化资源，制度建设与团队打造必不可少。学校文化在制度文化的建设中得以良性生长，在团队文化的构建中得以实现。我们以制度文化为灵魂，将教师、学生、家长打造成高效团队，齐心协力，朝着共同的目标携手前行。

1. 创造智慧的制度

（1）以文化沉淀制度

今天，人们在讨论制度建设时，很容易陷入制度的"圈套"，而忘记了文化。制度和文化本是组织的二位一体。制度是文化的沉淀，文化是制度的精华。制度和文化之间，文化是本，制度是位。在学校建设中，文化选择优先于制度选择。

制度文化是构成学校文化基础层中的重要一环，是学校教育管理思想、管理体制及管理模式的凝结形式，反映和体现了学校文化的发展水平，对于师生的价值观念、行为准则的形成起着重要甚至是决定性的作用。实现学校的核心价值观，打造学校的文化环境，创设各种文化活动，不能仅仅依靠简单的人治，更主要的是构建具有学校特色的新型管理模式，实现制度管理、自主管理。金沙小学制度文化建设的重心是建设"以人为本"的开放的、民主的、法制的、学习型的现代学校制度。

依法治校，有法可依。现代学校制度的法制性主要体现在"有法可依，有法必依，执法必严，违法必究"。这里所谓的"法"，既包括国家立法机构颁布的国家法律，也包括上级行政机构颁布的行政规章，还包括学校制定的各种规章制度。为什么依法治校？依法治校不是为了约束教职工，为教职工套上枷锁，而是要依法限制权力，限制教师在学生面前的权力泛化，限制个别校长和管理团队的过度权力，限制了权力就保障了师生的权利。

在建校之初，金沙小学就以中育实验学校的现代学校管理制度为蓝本，以民管会为民主管理和监督机构，建立起一套具有金沙特色的现代学校制度，也就是学校的"法"。我们将学校的办学理念、办学策略、育人目标、课程结构、管理结构等都以制度的形式规定下来。学校在进行管理时，严格依照学校的各项规章制度进行，任何人和任何团队都不能超越于学校的"法"之上。任何人违"法"，都必须接受"法"的制裁，维护"法"的权威，让违"法"的人付出相应的代价。

以人为本，共同参与。金沙小学在制订学校制度时特别强调"以学生为本"、"以学生的全面发展为本"。因此，在建立学校制度时，我们广泛征求包括学生、教职工、家长、学校所在社区的人士及与学校有关的党政官员等的意见。在设计、实施、修订现代学校制度时，我们都尽量体现"以人为本"，保护和激励大多数师生的权益。2007年9月，学校的制度正式启用，从这一年开始每年的9月我们都会对新教师进行学校制度方面的培训；每年12月我们都会对教师、学生、家长质疑的问题进行分析；每年6月还会收集一年来的群众意见对学校的制度进行修订。

在依法治校过程中，我们还积极保护师生的知情权，通过校务公开栏、各级教代会、校园网等方式，营造富有人文气息的学校制度文化，使师生能够平等地、有尊严地、有质量地学习、工作、生活和更加快速地发展。

着眼细节，小处做起。制度是师生行为处事的标准，是学校核心价值观的体现。在金沙小学快速发展的这几年间，外来教师、新进学生人数每一年都在激增，良好的制度文化能够快速有效地塑造师生的精神风貌，规范其行为，展现学校的核心理念。因此，我们在制订学校制度时，特别注意规范教职工的细节行为，每一支笔、每一张纸、每一堂课都有相应的规范。

例如，金沙小学有规定教师、学生着装形象的"教职工校服制度"、"学生校服着装制度"；规范学生就餐行为，杜绝浪费的"健康午餐管理办法"；规范校产和公共财物的使用，防止浪费的"办公室物品领用制度"、"耗材使用管理制度"、"教室器材设备管理制度"；规范教学质量的"长课时管理办法"、"梦想教室管理条例"、"学生家庭作业规定"；教师偶尔有点急事，需要离开学校1—2个小时，学校人性化地建立了"教师零假制度"等。方方面面的小条例、小制度，共同构建了金沙小学全方位的现代学校管理制度。

开放民主，与时俱进。金沙小学的制度文化不是单一的、专制的、封闭的，而且是全面的、民主的、开放的。学校建立多重民主管理机构，如民管会、家委会、教代会、学生会，逐步实现制度文化中校内外教育资源的相互开放；学校内部各部门之间、部门与自然人之间的相互开放；学校与校外各社会组织、自然人之间的相互开放；国内教育与国外教育的相互开放。

在每一年制度修订活动中，学校都要请教师、家长、学生、社区代表广为参与。同时，学校紧跟时代脉搏，参考世界先进的管理经验和办法，甚至教育思想、教育目标，将学校制度文化活化并体现时代性。

（2）用评价保障制度

制度的有效性和长期性，需要有与之相配套的评价体系做保障。金沙小学将过去单一的以师生学习成绩为标准的评价体系改为对师生进行全方位考核的评价体系。

学校为教师设立了包含教师考核机制、教师评价办法、优秀班主任考评办法、教师升级制度、管理者评优制度、优秀团队评优体系等评价方式在内的评价体系；为学生建立了包含太阳公民评价体系、新星少年评价办法、金沙之星选举办法等评价方式在内的评价体系，并制作了一系列表格、手册进行数据汇总和排位，使优秀的师生得到认可和赞扬，让落后的师生看到努力的目标和方向，鼓励师生全面发展。

其中，尤其值得一提的是"教师发展导师制"。

案例

金沙小学教师专业发展"导师制"试行办法

一、"导师制"概述

教师发展导师制，是指让有丰富经验和一定知名度的教师指导青年教师的教育教学，发挥优秀教师的作用，带动大批教师的专业成长，在教育、教学、科研等方面取得一定成效，为学校发展储备人才，促进学校的发展。

导师制基本要求：一是由有丰富经验和一定知名度的教师担任导师。金沙小学教育专家、教育精英、教育能手级教师均有义务承担导师的责任。二是由学校和导师共同确定学员，每位导师指导一定数量优秀教师持续发展。三是由导师和学员共同制定学员3年期发展计划，并根据计划实施。3年期满，共同写出发展总结。

二、"导师制"聘任细则

（一）聘任原则

坚持"按需设岗、结构合理、群体优化"的原则，建立人员能进能出、职务能上能下、待遇能升能降的用人机制，增强学校的办学活力和自我发展能力。

（二）聘任对象

所有教育教学、科研等在岗的具有专业技术职务资格的教育教学人员。

（三）聘任的专业荣誉称号

聘任设四级专业荣誉称号：教育专家、教育精英、教育能手、教育新秀。

（四）岗位说明

教育专家聘任办法

A. 基本条件

（1）拥护中国共产党的领导，热爱祖国，忠于教育事业，认真贯彻执行教育方针；教书育人，为人师表，具有高尚的职业道德和无私奉献精神。

（2）工作表现出色，近五年来获得市级以上优秀教师、优秀班主任或德育先进工作者称号。

（3）对所教学科具有坚实的理论基础和丰富的实践经验，具有高级专业技术职务资格以上。

（4）具有精湛的教学艺术，多次上过市级以上的公开课、观摩课、示范课等，或做学术交流、专题讲座，获市级以上教育行政部门或教育学术机构评定的教学成果一、二等奖；或在学生思想政治教育和班主任工作方面有突出专长、成绩显著，并在市级以上公开发行的学术刊物上发表论文2篇以上。

（5）具有较高的教育教学研究能力，写出本学科具有较高水平的科研论文（2篇以上）或著作，并在市级公开发行的刊物上发表或出版；或作为主研人员其教改经验获得省级以上教改成果一、二等奖。

（6）积极承担、指导各级教师工作，在本人的专业领域对学校教师进行指导，取得明显成绩。

B. 聘任说明

凡取得教育专家称号的金沙小学教师享受金沙小学教育专家待遇。同时每年接受考核，考核条件如下。

（1）学校年度考核、专业技术考核结果为优秀以上。

（2）每学期至少上5节校级以上示范课，做2次教育教学专题讲座。

（3）积极投身教育教学改革，保持每年主持一项以上国家级课题，并取得一项省级以上个人成果。

（4）所指导各级教师在教育教学能力上有明显提升，并取得相应成果。

（5）有强烈的进取意识和开拓精神，善于合作，服从领导，不计较个人得失。

（6）身体状况符合聘任职务要求。

C. 外聘教育专家

当学校发展需要从校外聘请教育专家时，该教育专家需达到金沙小学教育专家条件，并享受同等待遇，特殊情况由学校酌情商定。

……

（六）评聘程序

教师专业荣誉称号评聘采用自主申请和学校考评结合，学校考评中专业技术量化考评（以教师年度考核表为主）占70%，教师民主测评占10%，学生家长测评占10%，领导工作小组评价占10%。

优秀：90分以上。

良好：80分以上。

称职：70分以上。

（七）教师评聘说明

1. 受聘为金沙小学教育专家，已评为高级职称但未享受国家财政拨款高级教师岗位工资的，由金沙小学补齐高级教师岗位工资。

2. 受聘为金沙小学教育精英，已评为中级职称但未享受国家财政拨款中级教师岗位工资的，由金沙小学补齐中级教师岗位工资。

3. 凡未承担导师职责的教师降级聘任。

4. 教师无法完成或拒绝完成学校指定任务的，降级聘任。

5. 引进大学毕业生教师均有 1 年见习期，试用期考评合格后，由金沙小学根据教师情况核定专业技术荣誉称号，原则上从教育新秀起聘，在金沙小学工作满 3 年的可直接聘为教育新秀。

6. 引进的成熟教师直接享受教育新秀待遇，一年后由金沙小学根据教师申请核定专业技术荣誉称号，特别优秀的可直接跨级申请；以行政、学科带头人身份引进的骨干教师直接享受相应等级待遇。

7. 学校行政管理干部为导师工作室成员，享受全校超课时津贴平均水平待遇。

(八) 教师奖励

教育专家超课时津贴系数为 2.5；教育精英超课时津贴系数为 2.0；教育能手超课时津贴系数为 1.8；教育新秀超课时津贴系数为 1.5；见习期超课时津贴系数为 1.0。

说明：已取得政府相关的特级教师、学科带头人称号的教师，继续享受国家财政拨款的岗位补贴，不再享受学校承担的补贴；所有金沙小学教师参照《金沙小学教师专业发展"导师制"试行办法》享受相应奖励。

"导师制"的实施，可以很好地解决小学教师职称评聘带来的诸多问题。首先，根据现行小学教师职称评聘办法，大部分小学教师可以在工作 5 年后评上小学高级教师，再评更高等级的职称几乎已不可能，努力 5 年就可以终身受益，这极易使教师产生职业倦怠。其次，现行小学教师职称试行评聘分开，评定了小学高级教师未必能马上聘任，有的教师评小学高级职称以后 10 年才能聘任，才能在待遇上有所体现。学校"导师制"试行四级称号评聘，教师可以申请的等级更丰富，教师等级在当年就在待遇上有所体现，使教师有了更多期待。同时，教师等级并不是"一评定终身"，而是"能上能下"的动态评聘机制，这为教师提供了更多的展示舞台。在这种制度下，教师工作的热情更高了，对专业发展的自我期待更高了，"要我发展"成功变成了"我要发展"，给学校管理的变革真正带来了高效。

近年来，我们将学校的制度、学校的考核、师生的评优有机结合起来，将传统的以人管人、以人情选优秀过渡到以制度管理人、以数据选优秀，最终实现人的自我管理。

2. 倚赖制度的智慧

传统的学校管理基本上是金字塔形，最上层是校长，然后是教职工，最底层是学生。指令从上到下，效率很高。而学习与工作却是由下对上负责，即学生为教师读书，教师为领导教书。学生为了让教师满意看教师脸色，教师为了让校领导满意看校领导脸色，而校领导可能为了让上级部门的领导满意看上级领导心情。在这样的管理结构中，校长的价值观是什么？当上级领导的要求与学生的需求发生冲突时，校长该站在怎样的立场上？

在金沙小学，为了确保学校各项制度的有效落实，为制度文化建设提供支撑，我们构建了民主化管理机制，设立了一种扁平的管理结构。

说得形象一些，我们的管理机制像一个同心圆，圆心是学生，一切为学生，外围是教师，再外是民主管理委员会，最外是上级部门。同心圆是真正体现服务的：学生是最终服务对象，学生为教师打分；校长及行政管理干部为教师服务，教师为校长和干部打分。在这种制度下，师生关系、干群关系一定会逐渐调整到平等和谐的状态。

我们建立了以民主管理委员会为首的四级自主管理模式，创设教师中心、学生中心、家长中心等现代管理中心，充分调动教师、学生、家长的主动性。通过校务中心和导师工作室实现数据化、表格化的科学考核机制。落实"导师制"教师专业发展方案，形成良好的教师团队文化。

创建一所有文化的新学校

学校的校舍内设施、空间环境的开放性与学校管理的开放性是统一的。学校借鉴现代化的管理模式，让学校管理由封闭走向开放，合理运用家庭、社区、学校的力量，形成教育合力，共同促进教育发展。学校管理的开放性让家长更了解学校，将家庭教育的力量整合到学校教育之中，共同促进学生的全面健康发展；让社区群众更理解学校，主动定位于参与者，用社区教育的力量促进学校教育的持续发展，使学校成为社区精神文明辐射源；让教师更勇于接受挑战，主动接受多维评价，虚心改进、积极反思、不断创新，将评价的结果转化为终身学习的动力；让学校更富有活力，主动接受监督，将自身的发展融入社会的发展中，为学生提供更广阔的自主发展空间，努力做到让学生成才、家长放心、社会满意。

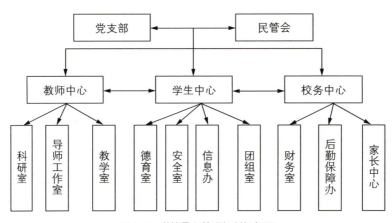

图 4-1　学校民主管理机制框架图

民主管理委员会。民主管理委员会（简称"民管会"）是学校的最高权力机构，监督管理学校的一切工作，并帮助学校良性发展，是学校制度文化的重要组成部分。

民管会具有以下权利。一是知情权。学校的办学理念、发展规划、资金运作、规章制度的建立以及组织运行机制建设等，都要向民管会通报并通过民管会决议。二是参与权。学校校长将由学校民管会推选，报请青羊区教育局核准后聘任，学校所有教职工的聘任都将由校长提出人选，经民

098

管会审查备案。三是建议权。对学校的办学理念、发展规划、资金运作、规章制度的建立以及组织运行机制建设等，民管会成员有权就自己认为不妥之处提出质疑并提出相应的修改建议。四是评议权。民管会成员有权对学校的教育教学质量、学校形象及教师的师德、业务水平乃至校长的工作予以评价。如果民管会对校长的工作不满意，可以提出异议和弹劾。五是监督权。民管会成员有权对学校的教育教学工作、学校的管理工作、学校的财务工作等予以监督。

民管会应履行以下义务。一是仲裁义务。协调学生与学生之间、学生与教师之间、教师与教师之间、家庭与学校之间的矛盾。二是宣传义务。民管会成员有义务承担学校教育理念、学校品牌形象的宣传工作。三是智力支援。民管会成员有义务为学校的发展提供资源或相关信息。

每三年，民管会都会在家委会成员、社区代表、两代表一委员中进行选举。每一年，民管会成员都会来到学校，听取学校的年度工作汇报，对校级干部工作情况进行打分，对学校的惠民利民、规范办学进行口碑评议，并对学校的需求进行汇总和建议。家长中心还配合民管会对学校的日常教学活动进行监督。民管会积极配合学校的宣传工作，帮助学校解决实际的困难。金沙小学的民管会真正做到了以人为本、以学生为本，保障了学校的快速发展。

案例

学校门口的家长义工

金沙小学坐落在金阳路上，每天接送孩子的车辆却非常多，机动车、非机动车、孩子家长塞满了整个街道，使得整个金阳路的交通堵塞，隐藏了许多安全隐患。学校民管会成员、学生喻辛诗怡的家长喻洪彬先生，了解到这个情况后，深深体会到家长内心的急切和学校安全方面的担忧。作为一名人民警察，喻洪彬先生首先积极联系分管这条街道的交警部门，把情况向上级汇报反映，并提出建议。开学后不久，学校校门口多了一条斑马线，多了他和学校保安共同在校门口护卫孩子安全、疏散交通的身影。

从这一天起，各班家长纷纷组织起家长义务护卫团，每天在上学放学的路上，为孩子们增加安全保障。这一年，学校家委会组织了家长义工团，帮助学校给孩子们提供更多保障，深度参与学校的环境建设、校服购买、食品安全、课程建设、校外实践活动等，让每一个孩子都健康快乐地成长。

案例

荒地变成了停车场

金沙小学校门口左侧有一块空地，空地上有很多外来流动人口居住。由于人员流动性大，人员杂乱，对学校治安以及学生安全来说都是一个巨大的隐患。民管会成员、人大代表孙丽女士在了解这一情况之后，实地调研，了解情况。同时，她与其他人大代表进行多次商议，在2010年3月初的青羊区第五届人大代表大会第四次会议期间，提交了《关于金沙小学左侧闲置教育用地脏乱的议案》。该提案先后得到成都市公安局青羊分局、成都市青羊区城市管理局以及金沙街办的整顿答复，将荒地改为了规范的停车场，圆满解决了学校左侧空地脏、乱、差的问题。

3. 打造优秀的团队

一所学校是一个团队，一个班级是一个团队，只有团队优秀，才会产生优秀的个人。教师、学生、家长是金沙最重要的三个团队，其中教师团队和家长团队的主要服务对象是学生。三个团队都需要良好的机制、长效的学习，才能成为真正的优秀团队，诞生更多优秀的教师、家长和学生。

（1）教师：在成长中发展，在发展中成长

教师是学校的一面镜子，他们代表着学校的形象和魅力；教师是展现学校价值观、实现学校文化建设、进行教育教学管理工作的重要实践主体，是连接家长、学生和学校的重要桥梁。因此，打造一支优秀的教师团队，对学校文化建设来说至关重要。

理想中的金沙教师。通过我们对学生、家长、教师等的调查得出，理想中的金沙教师应该是这样的：品行端正，业务精湛，特长鲜明，团结合作；像爱自己的家庭一样爱学校，像爱自己的孩子一样爱学生；尊重学生的人格，提升学生的幸福感；用欣赏的眼光去看待学生的优点，用发展的眼光去看待学生的缺点；勇于在孩子面前承认自己的不足并努力改正；待人待事公正大度，做学生价值判断的榜样；乐于学习和实践，善于反思与创造。

为实现金沙小学的教育理念，我校全体教职工拥有共同的文化精神追求：我们的使命——保护孩子的好奇心、求知欲、创造力；我们的职责——让每一个孩子都拥有幸福的现在与未来；我们的工作——艰苦而又欣慰的事业，需要理想、需要奉献、需要热情、需要创新；我们的学生——没有不好的，只有不同的；我们的课堂——引领学生发现自己的优势，发现自己的兴趣，发现自己的特长；我们的未来——和孩子一同成长，和学校一同进步；我们的梦想——建设孩子、家长、教师走进来都快乐的学校；我们的团队——以真诚相互协作，以热情拥抱生活，以激情投入工作，以智慧成就梦想。

构建教师中心。理想的教师团队需要专业的教师机构。我们认为，在知识更新不断加快、学生情况不断变化、教育要求不断提高的今天，教师的专业持续发展才是教师专业化的根本保证。从 2005 年起，学校初步构建了教师的学习型组织。2007 年，逐步完善并构建了动态的教师发展管理组织——教师中心。它以"构建多维教师发展平台，促进教师均衡和谐发展"为工作原则，以为教师发展做好服务工作为中心，是融教师管理、教师培训、科研课题为一体的管理机构。教师中心为整体提升教师队伍素质、提高学校教育教学质量及教师的终身发展提供了保障。学校教师中心主要从两个方面展开工作。

首先，实施校内学习制度，包括校本管理、校本教研、校本培训等与教师专业发展有关的学习方式，它涉及教师教学方式、工作方式、研究方式甚至生活方式等。在教师培训的形式上，主要有新教师在职培训、以新课程为基础的上岗培训、教育教学理论课程培训、教学实践和教学研究培训等。

其次，在学校整体协调发展的前提下，有计划地开展校外学习，包括区域学校共同学习、学术交流、学术考察、校外教师培训、学历进修等学习方式，扩大教师视野，提升教师教育教学水平。

经过几年的实践，教师中心逐步建立了教师三问制、导师制、多元制、社团制，在提升教师职业幸福感的同时促进教师专业发展，极大地调动了教师的积极性、主观能动性和自主学习意识，为学校制度建设打好了"人"的基础，为学生中心、校务中心的建设提供了有力保障。

有教师才有学校，有好教师才有好学校。只有构建具有金沙特色的教师团队才能形成理想中的学校文化。

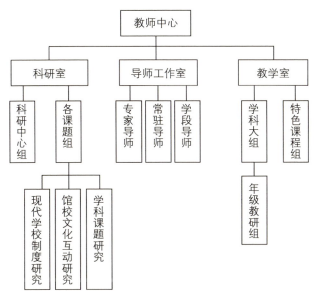

图 4-2　教师中心组织结构图

案例

常规的听课，非常规的结果

昨天，教师中心三位老师一起到一年级去听课。这是本学期第一次走进一年级老师的常态课堂，而且听课对象是一位刚刚大学毕业参加工作的年轻老师。

当我走进教室的时候，她已经开始上课了。我们原以为她偶然间看到几个陌生的人坐在教室的后面会显得比较慌乱，但她居然显得那么淡定，依然按照自己课前的教学设计，一板一眼地完成了自己的教学任务。单是这一份淡定，就足以让我们对她刮目相看。

我们都没想到现在的大学毕业生，心态居然如此成熟，已全然没有了我们当年刚毕业时的那种稚嫩。就为这个，在课后交流时，我们都对她竖起大拇指。下课后，我们针对她的课对她提出了一些意见。特别是在如何发挥老师与学生在课堂上的双主体作用、培养学生的学习习惯等方面，我们都提出了一些比较具体的建议，她也大方地提出自己的一些困惑。我原以为，在研讨完之后，今天我们之间的沟通也就到此为止了。让我们没想到的是，她很快对我们说："今天我在另一个班的课还没上，我想针对我们刚才的讨论，修改我的教案与课件，在另一个班再试试，看看效果如何。"

多么有想法的一位年轻老师啊！我们不禁再次对她竖起了大拇指，并对她说："这想法很好，我们希望能分享到你第二次上课后真实的体会。"

我们三位老师立马调整了原定的听课计划，再次踏入了她的课堂。从整堂课来看，虽然她在教学设计上没有太大的突破和提升，但她在教师的角色意识和语言组织上有很大幅度的改进。一下课她又及时和我们交流意见。我们都给予大大的肯定和鼓励。交流结束后她又来了一句："不行，我还得借个班来再试试。谢谢！"便转身离开了。

留下我们几个在心里使劲给这个90后的年轻人点赞！

（金沙小学导师工作室主任　李鹏）

开放的教师评价体系。为促进教师内涵式发展，学校教师中心牵头制定了科学的考核制度，设计了细致的考核表格，如《教师课堂教学测评表》《课堂教学短查表》《日常工作测评表》《经典诵读考核表》《教研考核表》等。所有表格都由教师中心导师工作室完成考核和填写，每学月进行汇总成为《导师工作室月表》；期末时，与其他考核表一起汇集成《教学常规考核表》，成为教师考核的重要依据。

表4-1 金沙小学教师日常工作测评表

教师姓名	备课				上课					反思			批改作业				家长交流	"三问"联系本	
	教科书备课		电子备课		学生纪律	发言率	板书	多媒体	课堂效果	卷面	针对性	有特色	整洁（封面内页）	错误率	改错率	有针对性	有特色	整洁	有针对性
	第一次	第二次	第一次	第二次															

在学校文化建设的大前提下，设计系列考核制度和考核表格显得尤为重要，这不仅仅是为了实现考核的日常化、数据化，保证考评的公平性，更重要的是可以强化学校的基本要求，规范教师的教育教学行为，实现学校教育教学质量的保底要求。

案例

依托教学常规管理，促进教师专业发展

学校教学常规是规范教学要求、保证教学质量的必要措施，是教师工作的"方向标"，而我们的教师又正是学校教学常规的落实者，因此学校教学常规管理的核心是教师。每位教师都有做好自己本职工作的愿望，抓教学常规的过程正是帮助教师实现愿望，促进教师发展提升的过程。学校导师工作室承担着金沙小学的教学常规管理工作，在努力做好学校教学常规管理的过程中，我们通过专业引领、捆绑发展、落实常规细节等方式，依托规范教学常规工作过程，促进教师的成长，促进教师团队整体均衡发展。

第一，通过专业引领，为教师专业成长提供捷径。学校导师工作室的名师团由赫赫有名的教育专家组成。他们个个经验丰富、影响显赫。我们根据不同教师的不同需求，定期邀请不同的专家到学校指导，通过专题报告、理论学习辅导、课堂教学诊断、课题论证等方式，为学校和教师提供切实有效的服务、指导和帮助。教师在专家引导下进行教材解读、备课、案例分析；近距离与专家面对面进行教学咨询、对话、解惑；直接得到专家的课堂教学指导，这些都为教师的专业发展提供了成长捷径，加快了教师专业成长的步伐。

　　第二，落实常规细节，提升教师教学基本功。细节决定成败。学校在教学管理过程中，注重教学过程实施的每一个环节。学校按新理念、新要求落实各项教学常规工作，通过备课细节、常规课教学、学生作业情况反馈、教师教学反思等环节，加强对教学常规过程细节的把控，促进教师教学基本功的提升。

　　……

　　第四，重视教学反思，促进教师自我提升。美国心理学家波斯纳提出了教师成长的公式：成长＝经验＋反思。我们将教师课后及时总结与反思作为教学常规管理的重点之一。让教师剖析自己在课堂教学中的优缺点，细致地、冷静地加以推理总结，记录下教学中的不足和遗憾，寻找解决的策略和方法；记录教学中的精彩和亮点，并将已有的精彩和亮点加以归纳和提升，让其成为下一步教学的能力。因此教学反思既是课后备课，又是课前备课的深化和发展，它是教师对教学实践的再认识，能对后续的教学行为产生积极的影响。只有经过反思，教师的经验才会得到提炼、得到升华，从而使教师的专业技能不断提高。

　　学校教学常规管理是将教学规范化的过程。在这个规范化过程中，我们教师坚持把学习、实践、反思紧密结合起来，并运用自己的智慧，切实提高教学质量，促进自己的专业成长和发展。

（金沙小学导师工作室主任　刁华萍）

促成教师专业成长的因素很多，我们认为其中最重要的是在工作中学习，获得个体成长。金沙小学的导师一般由经验丰富的教师担任，他们同时也在学校担任学科教学、班主任等工作，对具体的教育教学有实践体会。导师指导、检查教师工作，可以实现亲身示范、制度讲解、理论探讨等全方位的个体指导，教师在这样的学习中收获很大。

导师们辛勤认真地工作极大提升了教师的工作能力；导师以一线教师的身份更使指导与考核紧密联系起来，更容易令教师接受。考核的严谨性和人文性成为学校管理的特色。

（2）学生：以组织力激发自主力

学生是学校教育工作的主要对象，教师的一切工作都围绕着学生展开，学校价值观最终需要体现在学生的行为上。学校需要有专业的学生组织来帮助学生提高自主管理的能力和水平，使他们成为会关心、会负责、能管理、能创新、具有健全人格的全面发展的人才。

构建学生中心。我们的学生中心作为学校领导的学生组织，是学校开展学生工作的好帮手。我们创设了模拟城市中的服务环节，设立监察部、执法部以及超市、传媒、银行、环卫、美食等多个部门。除顾问团外，各部门的管理者与工作人员全部由各年级学生担任，每学期进行工作人员考核、评定和升级，为学生社会实践和卓越发展提供了舞台。

● 引领指导的顾问团

金沙顾问团由学校教师、家长代表、社区代表组成，并设置顾问主任一名，由大队辅导员担任。顾问团的设立有效地保证了学生中心的顺利运转。

● 管人管事的监察部

监察部是传统的"老部门"，责任重大，是学生中心的纪检监察部门。最重要的一项工作便是负责监察各部门的运行情况，同时还要负责对工作人员表现情况及义工升级情况进行评价掌控。

● 当家做主的执法部

让学生成为学校的主人，学会当家做主：在家做孝顺父母、关心亲人、勤俭节约、热爱劳动的"小帮手";在社会做热爱祖国、文明礼貌、诚实守信、遵纪守法的"小标兵";在学校做团结友爱、互帮互助、尊重他人、善于合作的"小伙伴";在公共场所做爱护公物、讲究卫生、保护环境、维护秩序的"小卫士"。

● 有声有色的传媒部

搞好学生工作,就要充分发挥学生的主人翁精神;而要发挥学生的主人翁精神,就离不开宣传发动工作。金沙传媒就是这样一块有声有色、生动活泼的宣传阵地。金沙传媒下设的工作机构有金沙报刊社、金沙电台、金沙电视台。

● 传递快乐的超市部

超市部是学生的购物中心,他们拿着象征着收获的金沙币可以在这里"选购"文具、小礼品等商品,还可以使用自动售货机、健康游戏机等,尽情享受学校生活的快乐。

● 温馨和谐的美食部

"走进健康,关爱学生"是学校的工作宗旨,美食部永远是一个与学生站在一起的部门。它为大家创造一个优美整洁的生活环境,指导学生文明营养用餐,帮助学生健康成长。

● 严谨细致的银行部

银行部是大家的收获加油站,同时也是学校的金融中心,主要负责存储、兑换金沙币以及学生中心经费的支出和保管。

● 乐于奉献的环卫部

没有辛勤的汗水,哪来丰收时的快乐,没有无私的奉献,哪来美丽的家园。环卫部肩负着维护校园环境卫生、组织变废为宝活动及加强环保宣传等任务。校园的每一天,因我们而更加美丽。

在工作中成长

从 2012 年开始担任大队辅导员这个职位后，无数的挑战便接踵而至，100 多名学生中心工作人员，无数个岗位检查点，各种报表、资料、学生问题、每周一次硬着头皮走上主席台的升旗仪式……每一样都让我手足无措。

不行，我得仔细理清工作思路。这种被动工作的状况用不了多久就会把人逼疯！我喜欢这个工作吗？我能承担这个工作吗？我刚刚升级为一名母亲，对孩子的爱已经有了质的升华。看着每一个犯错的孩子，再也舍不得像以前一样大吼大叫。我拥有一种对孩子发自内心的爱。因此，我确定自己是爱这个工作的，有了爱，不就有了承担起工作的决心吗？

在责任感的驱使下，我迅速梳理好工作内容，整理出常规工作和临时工作；反复总结在工作中出现的各种问题并及时调整；"雁过留声"，所有进行过的工作都有过程性的备档；确定当年的各种跟德育有关的节日和时事主题，号召学生通过各种方式进行宣传、广泛参与，并将图文资料整理成册。有了这些基础资料，便可以及时上交很多资料，工作的被动性一下子减少了很多，自己也感觉越来越游刃有余。

我最重要的，也是最具有挑战的工作内容，就是跟执法员之间的互动。太阳班级评比是期末班级评优中很重要的环节，太阳班级获得次数在很大程度上决定了班级的期末总评分，对班主任来说非常重要。因此，这部分工作是对我管理能力的一个严峻的考验。我必须要把每一个执法员的岗位和执法地点清晰地列出来，不能对评比过程中的任何一个小细节马虎，努力和孩子们一起做到"哪个老师需要查找什么，立刻能帮助他查出来"。每一次开会，我都会请执法员们总结一星期出现的问题，并加以解决，随时提醒、督促执法员们规范执法以及做到对每一位老师、同学都尊重。渐渐地，执法员们越来越认识到自己工作的重要性，越来越有责任感，而老师们也更加信任学生中心的工作能力，让我的工作越来越顺利。

当我通过自己的责任感积累起工作经验后，很多以前让我痛苦不堪的问题，现在都能得以顺利地解决，学生中心的工作也显得越来越得心应手。"马太效应"在我工作上得以充分体现。接下来，我将会让自己的工作不断创新，让所有的执法员们感受到工作的快乐，让全校所有的孩子都能感受到学生中心的关怀！

（金沙小学大队辅导员　陈竹）

（3）家长团队：整合力量共同提升教育品质

家长在学生的教育中起到了极大的作用，学校发展、学生发展都需要家长的支持与配合。新建小区的家长来自四面八方，有着不同的文化背景，对学生的教育程度、与学校的配合度差异很大。学校需要一个专业的家长组织来帮助家长教育好自己的孩子，为家长提供成长的空间、学习的平台。

构建家长中心。金沙家长中心是由家长和学校为共谋学校教育发展、提升教育品质而组成的家长组织。其主要目的是促使家长和教育者相互理解和支持，在促进学生健康成长的同时，让家长感受家庭和睦的幸福，提高家长教育子女的能力。

全体金沙小学家长自然成为家长中心成员，中心设置主任一名，校级家委会、年级家委会组成家长中心常务理事会，由全体家长选举产生，每两年进行换届，中心主任、校级家委会成员直接为学校民管会成员，每学期定期参与学校重大活动。

作为整合三种教育力量的一种新形式，家长中心的教育统筹塑造家长、学校与社区共同的教育价值观和参与意识，并双向服务，互惠互利，让学校服务家长、家长依赖学校，不断促进家庭素质、文化和教育的协调发展。

家长中心下设家长成长营、家长交流营、家长志愿营、家长督学营，每个营都有自己独特的职能。

家长成长营主要是组织家长学习教育理论，提高自身素质。每位家长每学年到校听课一至二次；准时参加家长中心开展的培训、学习活动；认真学习金沙小学网站上家长中心推荐的家庭教育文章；每学期至少主动到校两次与教师交流孩子成长状况；积极配合学校，协助孩子参与学校各种活动。同时，学校倡导每个家长写学习心得和教育孩子的案例，按年度认真填写好《家长手册》，与孩子共创太阳家庭，争当"金太阳家长"。

家长交流营主要是为家长搭建和谐的教育交流平台。为此，学校公开了家长中心信箱及 QQ 号，及时处理家长、学生投诉，反馈家校信息，专门开辟家长问答栏目，拓宽信息交流渠道。学校每学年组织两次以上亲子互动活动，由各年级家长团在教师指导下制订本年级的活动方案，报告学校，并负责组织落实活动，最后进行总结。

家长志愿营主要是服务于学校特色教育教学活动。例如，家长为学校的发展出谋划策、提供法律咨询、发掘教育资源、积极发起及组织公益类活动。又如，家长为孩子开设与自己专业相关的选修课。采取自愿报名的形式，由家长中心收集信息，规划好授课时间和内容，在不同班级进行授课。学校每年还会评选出优秀的家长 DIY 课堂。

家长督学营主要是监督学校的管理工作。学校欢迎各位家长参与学校管理、协助学校晨检、对食堂工作进行检查、巡视校内设施安全等，并做好记录。家长还可以参与学校工作评价和教师工作考核，认真填写各项考核表。

创建一所有文化的新学校

案例

金沙家长中心——快乐大家庭

金沙小学家长中心，是由家长和学校为共谋学校教育发展、提升教育品质而组成的家长组织，是家长参与学校管理、运行的常设活动机构。每个孩子的家长都是家长中心成员。

金沙小学的管理者是一群非常民主、务实、朝气蓬勃的教育者，孩子在金沙小学的六年时光幸福、快乐、充实。作为家长的我，通过家长中心，在陪伴儿子成长的同时，也在交流互动、参与学校管理中学习和进步。

记得有一个学期，家长中心的家长讲堂请来一位学生家长来给大家分享她的故事。她已经是世界 500 强企业的高管了，言谈举止优雅大方。出乎意料的是，她竟然是位从小失聪的人，通过自己的不懈努力，不仅克服了与人交流的种种困难，更是一步一步努力成功走到今天。我被深深地震撼了，她的故事给了我积极进取的无穷力量。

在每学期的开始和结束，必定有例会，从学校的管理到校服甄选，甚至是假期旅游等，都让家长参与，充分发表意见和建议。金沙小学的家长中心，就是强有力的纽带，让学校、家长、学生紧紧联在一起，组成了快乐、幸福的大家庭。

（金沙小学 2015 届 1 班　李玥芘妈妈）

在活化资源、制度建设、团队打造中构建学校文化框架，实现文化的自主生长、人的自主生长——这样的金沙小学的学校文化不再是个婴儿，它从一诞生就如此引人注目，必将展现出不一样的活力与风采。

第五章
课程变迁

一棵小树在山上生长，
不远处是一片森林的海洋。
它盼着那起伏的林海涌来，
好扑向那绿色的海浪……
……

一个孩子怀着他的向往，
他喜欢站在高处眺望。
他想知道外面的世界有多宽广，
他想探索那个谜一样的远方……

　　"如果我们承认教育为经验的改造，则课程正作为改造经验的媒介，因此课程乃成为一切教育设施的核心。"[1] 课程是学校教育的心脏，是学校实施教育活动最基本最有效的载体。

　　我们紧紧围绕学校文化建设理念，充分利用各种教育资源，涵养师生自主发展的精神与力量，构建具有文化生长力的学校课程，形成了金沙小学独特的课程文化。在学校课程的系统建构与实施中，学校文化建设获得文化的持续发展力。

　　由此，新学校文化在最短的时间内落地生根，在最大的范围内茁壮成长。

1. 学科整合课程——多彩校园

　　金沙探秘。校本课程是学校的责任、教师的责任。在学校文化建设的大背景下，我们专门组建课题组，开展了"金沙探秘"校本课程建设工作。

　　从前期调查分析、中期研讨，到后期编撰和优化，参与人员既有博物馆方面的专家，也有学校课题组成员和其他骨干教师。"金沙探秘"以金沙遗址博物馆所形成的金沙文化为依托，以金沙遗址博物馆教育资源为根据，以学生发展需求为出发点，以综合课程和活动课程为载体进行了校本课程设置，丰富了馆校文化互动的形态，形成了学校独特的校本课程体系，绽放出独特的育人魅力。

　　经典诵读。经典诵读是儿童学习国学的良方。学校组织学生利用每天早晨一刻钟时间进行经典诵读，根据学生年段特点，由教师、学生、家长

---

[1] 陈侠. 近代中国小学课程演变史 [M]. 福州：福建教育出版社，2007：3.

共同提供诵读内容，编选涵盖国学各类经典的教材。同时，为了激发儿童兴趣，我们鼓励各班创新各种有效的诵读形式。有的班级采用轮流负责的方式，由学生准备每天的诵读内容，向全班推广自己喜欢的诗歌；有的班级编排有趣的国学故事短剧，在星期一的全校升旗仪式上展示；学校还在校门处搭建了舞台，每个班轮流在此激情朗诵。开放的展示区让学生早早地来到学校，随到随读，早到早读，接送孩子的家长们虽不能任意进出校园，但仍会站在校门口看着孩子们在阳光下有模有样地诵读先贤经典，这里也成为面向社区进行国学传播的窗口。这些做法极大地激发了学生的兴趣，经典诵读悄然成为金沙小学学生的一种生活方式。

图 5-1　学生们在进行经典诵读

　　课堂教学是国学教育的主阵地，在课堂中渗透经典是金沙小学始终坚持的做法。在长期积累的基础上，学校形成金沙小学"幸福国学"系列校本教材，让国学教育在金沙更有序、更持久。文化在于养成，个人如此，一个民族更是如此。我们希望在素质教育的背景下，传统文化能走进儿童生活，提高儿童素质。

　　金沙故事会。丰富多彩的校园活动，也是一种良好的、持续的文化环境，指引孩子具体的生活实践。学校开设了"金沙故事会"讲坛，由学生、家长、教师、社区共同搜集经典故事，包括成语故事、历史故事、名人故事、佛学故事、传说故事等各 100 篇，共计 500 余篇。金沙故事会讲坛以学生为主，有社会人士参与，向学校、社区宣讲、演绎经典故事。金沙故事会不断发展，孩子们还把故事编成舞台剧，穿戴上各色服装，制作各式道具，用舞蹈、歌曲、朗诵等活跃活动形式。金沙故事会伴随"国学进社区"活动，走进同德社区，为居民们带来了精神食粮。

案例

有趣的金沙故事会（节选）

当我们排着队出来时，阳光洒落在操场上，感觉身体暖暖的，到金沙梦工厂时，表面看似平静的我内心却思绪万千。

当小主持人迈着太空步上来时，同学们的掌声如洪钟敲响般响亮。表演的学生一个个上来，大家都怀着期待的目光；当他们下去时，大家都夹杂着掌声笑得前翻后仰。而最让我难忘的是一个男同学夸张的动作、搞笑的方言，他的言行举止让我们认为他平日里一定是一个幽默的人，而他的笑话也很逗："从前有只鹦鹉，它非常喜欢说话，有一次它主人听得不耐烦了说：'你再说话我就把你关进冰箱！'没有自控力的鹦鹉当然控制不住自己又说了话，主人真的把它关进冰箱里去了。一天以后，主人把它放出来，而鹦鹉却瑟瑟发抖地说：'主人请问你冰箱里的鱼是犯了什么错才关进冰箱？'如果说你是主人你应该怎么回答呢？肯定是又好笑又好气。"

我也要上台表演了，我郑重地向台上走去，然后放大声音来掩饰我内心的紧张，说："你们知道为什么兔子眼睛是红的吗？"显然，同学们从来没想过这个问题，我涨红着脸笑了一下，故意卖着关子，然后说："因为兔子天天吃胡萝卜呀！"随后一阵掌声爆发了，刚才紧张的我立刻大方起来，心里想："其实同学们都很友善。"接着我给大家讲了许多趣事。

这次故事会，我上台表演感到很自豪，因为我不仅让别人开心，懂得道理，还锻炼了自己的胆量，与同学们的友谊之桥更加牢固了。金沙故事会让我一举四得！

（金沙小学 6 年级 4 班　沈奕希）

图 5-2　金沙故事会上学生的表演

　　金沙作文。写作教学是金沙小学教学研究的重点，学校将金沙文化与写作相联系，开展写作教学课题研究，内容涵盖成语积累、故事与交流、名句欣赏、诗歌与创作等。低段孩子以金沙绘本和故事为主，中段以故事、作文为主，高段则主要是以作文和诗歌为主，展现对金沙文化的了解和理解。孩子们展开丰富的想象，对金沙遗址出土文物的来历、背后的故事进行大胆构思，写出了一篇篇精彩的儿童版金沙传说。这种写作训练加深了孩子们对家乡文化的认识，丰富了作文的内涵和外延。例如，在校刊栏目"畅想金沙"中，孩子们充分发挥想象，写下自己对母校金沙小学的畅想。

案例

金沙作文课——走进金王国

【课型】金沙文化课程

【教学目标】

1. 了解金沙文化，为古蜀先民给我们留下如此灿烂的文明而感到自豪。

2. 学习积累带有"金"字的成语，感受金文化的魅力。

3. 以"太阳神鸟金箔"图案进行写话练习，并展开联想创作故事。

【教学过程】

一、谈话导入

师：亲爱的孩子们，今天老师将要同大家一起去金沙探秘。（读题：金沙探秘之——走进金王国）

师：我们又要一起玩了。首先我们来玩成语接龙。（要求：声音洪亮，不能重复）

二、成语接龙游戏

略。

三、探秘"太阳神鸟金箔"

（一）学习"太阳神鸟金箔"解说词

师：今天我们要探秘的是"太阳神鸟金箔"。（PPT出示太阳神鸟图示）

师：你见过"太阳神鸟金箔"吗？在哪儿见过的？第一次见到"太阳神鸟金箔"有什么感受？

师：还记得一年级的时候，咱们到金沙遗址博物馆参观的情景吗？（PPT出示：学生秋游照片）

"太阳神鸟金箔"是金沙遗址博物馆的镇馆之宝，我们来看看博物馆的叔叔阿姨是怎么为大家介绍太阳神鸟金箔的。（PPT出示解说词，齐读）

师：读了这段解说词，你知道了些什么？

（PPT 隐去文字，出示图案）

（二）写静物——"太阳神鸟金箔"

1. 积累成语

师：今天我们就要来写写我们眼中"太阳神鸟金箔"。在写之前，王老师想送大家一个词语百宝箱。它里面有许多词语，但这些词语只会出现短短的 1 分钟。1 分钟之后，它们就会消失！请你快速记住它们，比比谁记得多。你们准备好了吗？（好了）好！它们来了！

（学生迅速记忆）

师：这些词语真顽皮！一下子就不见了！他们都藏到成语金山的后面去了。谁记住了刚才百宝箱中的词语？

（生说）

师：你的记忆力真强！这块金砖送给你！

师：相信词语百宝箱中的词语可以帮助我们。

2. 说一说眼中的"太阳神鸟金箔"

师：我们先来说说你眼中的"太阳神鸟金箔"？试着用上刚才积累的词语。（三人小组小声说）

3. 写一写"太阳神鸟金箔"

师：刚才你们说得都很好。"太阳神鸟金箔"是如此的精美。真难想象 3000 年前的古蜀人用最原始的工具制作出了厚度不到一毫米的精妙绝伦的金箔。它在地底沉睡了 3000 年，现在它重见天日！孩子们，能用你手中的笔写一写"太阳神鸟金箔"吗？（限时五分钟）（导写 PPT，小练笔提示：抓住了"太阳神鸟金箔"的材质、形状、颜色、纹饰等方面的特点，写一写你眼中的"太阳神鸟金箔"）

（生进行独立写话练习并汇报）

师：大家通过细致的观察，抓住了太阳神鸟材质、形状、颜色、纹饰等方面的特点，写得比较具体。

（三）欣赏《金沙剧》，诵读《总有一天》

师：孩子们写得真棒！王老师要奖励大家欣赏一段视频。请欣赏《金沙剧》中的一幕《总有一天》（播视频：《金沙剧》选段《总有一天》）

（生欣赏视频，跟唱）

师：孩子们唱得很好听。短短几分钟的视频，是不是有点意犹未尽的感觉。你觉得这首歌好听吗？（生：好听）一首好的歌曲，它一定有很美的旋律，而且还一定有好的歌词。我们在这节语文课上就要来欣赏、朗诵它的歌词。拿出学习资料，看到《总有一天》。与其说它是歌词，不如说它是首绮丽的小诗。期待着你们能把它读得比唱得还要美！

（请学生拿出学习资料，读《总有一天》）

师：请六人小组一起有感情地读一读。

点评1：皎洁的月光静静地弥散在金沙土地的每一个角落，只要我们静下心来，静下心来，或许你也能听到那无言的歌。

点评2：每一块石头、每一件文物都不动声色地为我们讲述它的故事。

分组汇报朗读。（前三小节分组读，第四小节齐读）

师：孩子们读得真好！特别是全诗最后的高潮部分。不知大家刚才留意没有，剧中年轻的考古学家在唱到这部分时，他手中高高举起的是什么？

师：诗中的她就是——太阳神鸟！（PPT变红"她"）我们的考古学家不停地追问"她的生活"。那你们想不想知道她的生活？（板书：她的生活……）

（四）创编"太阳神鸟"的故事

师：古老的呼唤，穿过几千年悠悠的岁月，它让我们不断地探索，让我们不断地发现。我们也会忍不住想问——在几千年那漫长的岁月中，到底曾经发生过一些什么？他们究竟是怎样生活的？

亲爱的孩子们，今天就让我们发挥想象，来创编"太阳神鸟"的故事吧！

（PPT出示小组学习要求）

师：老师在大屏幕上给大家一些提示（读提示）："太阳神鸟"可能是什么鸟？她长什么样？她生活在什么样的地方？她具有什么本领？她遇见了谁，发生了什么事？

小组合作学习要求：

请每个孩子选其中一个问题谈谈自己的想法，共同创编一个小故事。

师：每一位同学在谈完自己的想法后，别的同学也可以补充。大家齐心协力共同创编一个关于太阳神鸟的故事。

一个小组汇报：

每个成员就自己选择的问题谈想法，中心发言人讲故事。

师：哪一组能跟我们分享一下你们的故事？

（各小组汇报，随机点评各组的故事）

师：听了各组的故事，我觉得眼前的"太阳神鸟金箔"不再是冰冷的文物，她仿佛也有了生命一般。她也会呼吸，她也有她的过去，她也有属于她自己的回忆。那些关于她的喜怒哀乐是如此牵动我们的心。

师：当我们插上想象的翅膀后，就能化身为一只只美丽的太阳鸟在"金的国度"遨游。相信大家今天回家后都能创作一个属于你的"太阳神鸟金箔"的故事。

四、小结

师：亲爱的孩子们，我们今天探秘金沙，与古蜀人进行心灵对话。我能感受到涌动在大家心间的那份美好。谢谢大家把这种美好带给王老师，也带给我们远道而来的大朋友们。真心地希望大家永远带着这种美好生活下去。

（金沙小学教师　王雪）

上述案例是一堂探秘金沙文化的校本课程，也是每个金沙学生都会享受的文化大餐。在课上，教师会引领学生来观察金沙出土文物的特点，欣赏金沙舞台剧的精美，想象金沙文化的起源和消亡。在这样的学习过程中，生活在金沙片区的学生们对金沙文化有了进一步认识，对学校文化有了更深入的理解。

在金沙小学，中、高段学生每学期都会在教师的指导下开展与金沙文化相关的"金沙作文"创作活动。有的演绎与金沙有关的成语故事，有的给古蜀传说来个"新编"，有的还在参观了金沙文物以后对精美文物背后的故事展开丰富的想象……一篇篇精彩的作文，让人拍案叫绝。二年级学生田宇在作文《太阳神鸟》中说："相传在遥远的古代，古蜀大地是没有冬天和秋天的……"四年级学生徐萌杨在《金面具》中则认为古代的金沙应该有金沙神庙……孩子们这些看似奇怪的想法，难道不是最有创造力的表现吗？这，或许正是成人所缺失的。

作文的源泉就在生活中。教师要善于发掘身边的素材，引导学生大胆想象，学生就可以情动而辞发了。作为金沙小学的学生，以作文的方式来探究金沙文化，既是对家乡文化的热爱，更在这个过程中获得精神上的享受。《太阳神鸟在我心中飞》就是王雪老师班上一名学生的作文。从这篇作文里，我们看到了学生对金沙文化的热爱，看到了金沙课程对学生的影响。

案例

学生作文

太阳神鸟在我心中飞

今天，我要给大家讲讲太阳神鸟金箔。

太阳神鸟金箔是我们祖先智慧的结晶、劳动的硕果，它静静地躺在金沙博物馆里。太阳神鸟金箔薄如蝉翼，精美绝伦，金光闪闪，光芒四射，这精美的神鸟可能是几千年前一群工艺精湛的能工巧匠打造出来的吧！太阳神鸟金箔上有一个翻滚着的太阳，四周还有四只展翅飞翔的神鸟保护着太阳。

中华上下五千年，历史博大精深，关于太阳神鸟流传着各种传说，我想象的传说是这样的：

太阳神鸟是一只气度不凡的朱雀，他的眼睛眯成一条缝，耳朵各有一个洞，金黄色的嘴巴，头顶是五颜六色的羽冠。他住在长久不见天日的冰宫，非常孤独，只有一个朋友叫盖亚。

有一个叫艾辛格的巫师，他很想得到太阳。他的助手叫伊兰迪，无所不能，号称"暗黑魔君"。

朱雀和盖亚为了捍卫太阳，准备与艾辛格决一死战。

那天，天空电闪雷鸣。艾辛格对着冷宫狂笑道："朱雀，快出来吧！"朱雀飞出迎战，两强相遇，不分上下，打得天昏地暗，分不清东南西北。伊兰迪使出撒手锏"雷光之翼"，朱雀节节后退。这时，盖亚使出"石破天惊"，帮朱雀站稳脚跟，这一战打了很久，两败俱伤。

艾辛格使巫术把黄河水冲向朱雀的冷宫，状如天兵天将杀向凡间。朱雀遇事不惊，用一只火葫芦将黄河水收入壶中。艾辛格用闪电击中火葫芦，葫芦裂开，黄河水滔滔不绝地喷了出来。"哼哼，真是不堪一击！"艾辛格嘲笑道。朱雀刚反应过来，自己就被巨大的水柱击中。

朱雀奄奄一息时，盖亚把生命给了他，朱雀心中的怒火熊熊燃烧，燃烧自己生命使用了绝杀——凤凰九重天。艾辛格和伊兰迪瞬间化成粉末，随着一阵风消失了。夺命绝招使出后，朱雀也化成了四只神鸟永远飞翔、守护在太阳四周。

太阳神鸟金箔的制作工艺如今已失传了，我们一定要保护好金箔，不能让国宝消失。

(金沙小学 4 年级 3 班　徐天翼)

小小解说员。随着上述各项活动的深入开展，孩子们对金沙文化的认识也逐步加深。接下来，孩子们还有机会当"导游"，为来到金沙遗址博物馆的客人们讲解。小小解说员是金沙小学在中、高年级开展的对博物馆文物进行解说的培训课程，该课程是以金沙遗址博物馆专业讲解员为辅导教师、金沙小学教师为辅助的培训课程。

案例

小小解说员培训方案

为了提高金沙小学学生对金沙遗址博物馆文物的了解，加强对金沙文化的领悟，提高语言能力，特开展小小解说员培训活动。

培训对象：主要以金沙小学三至六年级学生为主。

培训内容：以金沙遗址博物馆馆藏文物为主，主要是太阳神鸟、十节玉琮、金面具、铜立人等。

培训时间：采用集中培训和常规培训相结合的方式，常规培训主要是每周五下午的选修课时间进行。

培训人员：由金沙小学大队部负责，以金沙遗址博物馆专业讲解员为主。

培训方式：采用讲练结合的形式，平时以培训讲解训练为主，有教育系统客人来访，就以小小解说员接待解说为主。

解说方式：采用中英文双语解说为主。

考核方式：每期对参训学生进行评比，先班级评比，推优参加全校的总评比。班级评比主要是对文物图片进行解说，全校评比则以实地考察为主，最终评出优胜的 50 名并颁奖。

图 5-3　小小解说员在进行解说

现在，金沙小学低年级学生可以粗略讲解金沙遗址博物馆 1 件以上文物的特点，中年级以上学生可以流畅讲解金沙遗址博物馆 2 件以上主要文物的特点。金沙小学学生走进金沙遗址博物馆担任义务小讲解员，太阳神鸟金箔、金面具、玉琮等一件件精美文物和孩子们灿烂的笑脸相辉映，孩子们清晰的讲解、活泼的面容赢得了参观者的好评，连博物馆的专业讲解员也说："小朋友们太厉害了，看来我们得加油了，不然我们得转行了！"

金沙农耕。农耕教育在都市里不容易实现，很多家长就利用节假日到农村体验的方式来进行，一些学校也让科学教师在课程上进行改革，采取一些观察体验的方式来教学，总体来讲，农耕教育由于各种限制难于有效实施。经过分析我们发现，产生这个问题的原因主要来自两方面。

一方面，农耕课程的指导教师在校都身兼数职，教学和行政任务繁重，虽然有热情和想法推广项目，但只能用业余时间投入实践，课程仅限于每周1—2次的农耕课堂，对于农业耕种而言时间严重不足。另外，教师自身的农耕知识和技能不足，在项目开展的专业性上也受到限制。另一方面，学生实践时间主要是以学期为单位，每周1—2次的农耕课程只是基于学校开展的兴趣班，学期结束实践也就结束，持续性受到限制，而且实践多半是以指导老师布置的功课和安排为主，缺乏关于有机农耕定义、意义、人与土地自然的关系等问题的主动思考，课程的完整性和持续性都受到影响。

在参加国际环保组织"根与芽"活动的过程中，我们充分融入金沙小学的办学理念，将金沙文化崇尚"自然和谐"的认识带到更为广泛的学生活动中，推进"低碳在身边——班级种植园计划"，各个班级的学生们走进班级种植园，用心呵护手植的绿色植物，学习低碳环保知识，增强了文明参与意识。学生们经过分工安排，互帮互助，班级环保宣传员认真准备，向大家讲解绿色种植的知识。学生们认真学习劳动技能，有的清理盆栽，有的打扫地面，有的浇水、施肥，参与种植的过程极大地提高了他们对植绿护绿的认识。

金沙小学 "校园有机农耕" 教育项目介绍

一、项目背景

观察了解自然，关爱自然，作为现代人的我们更加愿意投身农耕，在小学，耕作、观察、了解植物更是科学课程的重要内容之一。学校开发空置地块，在成都 "根与芽" 环境文化交流中心的支持下开展校园有机农耕教育项目，加强对有机农耕定义、意义、人与土地自然的关系等问题的主动思考，将农耕课程与学校教学科目和德育教育相结合，保证课程的完整性和持续性，为学生提供优质的成长平台。

二、在该项目中主要涉及五方成员

学校学生：在教师和家长的指导下进行农耕实践，通过实践学习有机农耕知识和方法，更关心生命和环境保护。同时，通过团队合作提升协作能力和团队精神。

学校老师：指导学生实践，补充有机农耕的知识和方法；积累开展学生活动的经验，提升能力；农耕和现行教学课程结合，拓宽科目涉及内容，充实教学成果。

学校农夫（校工）：全程耕种一块有机农圃，学习城市有机农耕知识，收获作物，扩宽视野。

学生家长：协助教师指导学生开展农耕实验，学习有机生活方式，从而注意在生活中采用有益于环境和健康的生活方式；增进和自己孩子之间的关系。

成都 "根与芽" 环境文化交流中心：协调校园农耕项目在学校的开展，跟进项目开展情况。

三、项目实施主要工作

土地开垦：学校根据实际情况开垦 1—2 块土地。

土地耕种：将土地分成两部分，一部分由学生进行耕种，另一部分由学校校工担任的农夫进行有机耕种。学校农耕指导教师可按照"根与芽校园农耕指南"并结合学科对学生耕种进行指导，可能涉及内容为作物的基本知识、生长规律、耕种、播种、有机堆肥、施肥、农圃管理等。

发掘培养助教家长：从活动开始，挖掘培养在农耕活动中的家长志愿者团队，协助指导教师组织协调活动，带领学生进行耕种和管理。

完成农耕观察记录：学校指导教师可结合学科特点，制作观察记录表格，指导学生在耕种时做好作物生长记录。

实地观摩学习：根据时间安排组织学生、教师、农夫等到有机农场进行参观学习。

交流分享：根据实际情况安排组织各方参与的农耕交流分享会，邀请农耕方面有经验的人员、活动参与方开展交流活动，分享经验，以便用于今后的活动。

编写学校农耕操作手册：由参与各方根据农耕项目在学校开展的实际情况，整理编写本校农耕操作手册。

项目评估：由"根与芽"提供问卷，学校在活动开展中进行问卷填写，并以此为依据，对参与学生的变化和农圃的变化进行评估，总结在学校开展农耕的意义。

"校园有机农耕"教育项目的开展不仅是科学课程的要求，更是孩子们亲近自然、体验生活的良好平台。这个项目刚向孩子和家长们公开，大家就迫不及待地找到自己的"领地"，开始了愉快的劳作。家长们参加农耕项目有久违的儿时回忆，有对自然的亲近，有教育子女的期盼，因此，他们在活动中都格外卖力，不时充当活动指导，有的还利用节假日增加耕作时间，将自己班级的园地伺弄得生机盎然。孩子们在家长的带领下也都且学且做，感悟颇多。

金沙农场，使大家收获了快乐，交流了情感，增长了知识，金沙农耕成了孩子们最喜欢的活动课程之一。

案例

播种希望，收获成长——校园有机农场的收获（家长感言）

9月，秋季，本应是收获的季节，但儿子的班级却开启了在金沙有机农场中的第一次播种。站在农场外，听班主任细致地对家长们讲解着金沙农场的由来和理念，我的心和手都不禁"蠢蠢欲动"起来。虽然对于种地我是个绝对的外行，但这并不妨碍我原始本性里对土地的热爱与眷恋，尤其是对于校园农场，我似乎在热爱外，更多了一份不同的希冀。

也许所有的第一次都注定是不平凡的吧。因此，3年级2班农场的第一次平整耕种就深深地刻在了我的记忆里。作为志愿者家长，能参加孩子班级农场的开启仪式，我很高兴，但是现实却让平日疏于劳作的我感受到了"心有余而力不足"的含义。

初始，除草垦荒时，教导孩子们怎么与坚韧的杂草做斗争，我还是游刃有余的。看着孩子被杂草枯秧磨红

图5-4 老师现场讲解农作物知识

的小手，被泥巴黏住的鞋子，我还暗自感叹孩子们的娇生惯养，也为此小声给儿子讲了一番道理。但是当孩子们收工，轮到我们翻整土地时，我彻底无语了。因为没有经验，准备的工具不得力，再加之力量不足，要把已经有些坚硬的土地翻松、打碎土块、再弄平整，在我们几位家长眼里手里变成了一个难题。但是为了不让孩子们失望，能尽快地播种，我们咬牙坚持着，互相鼓励着，想尽一切办法完成了任务。晚上回家对儿子讲下午翻整土地的辛苦，儿子看着疲惫的我，一反常态地没有表现出不屑，而是认真地对我说："妈妈，辛苦你了！下午拔草都把我累着了呢。等我们收获了，老师分给我什么果实，我一定先给你吃。"那一刻，所有的辛劳都化作了泡影，心里暗喜：这真是一块神奇的土地哟！

为了培养孩子们的责任感，让每个家庭都参与到农场的耕种中，班主任钟老师和家委会的妈妈们商量，让大家以社区小组为单位，大家轮流负责农场的管理和耕种。这样的安排，让家长和孩子们都热情高涨。于是我们经常可以看到：某个休息日的清晨，几个爸爸妈妈带着孩子们在我们的土地上播种施肥；某个放学的傍晚，几个爷爷奶奶带着背着书包的孩子们在菜地内浇水除草；某个夜深人静的午夜，QQ群里几个闪烁的头像还在

图5-5　家长、孩子、老师在农场里辛勤耕耘

讨论着如何耕种、如何给孩子普及农业常识……于是，每个接孩子放学前的间隙，我们班级的农场旁总会围着几个家长，热情地评说着各种蔬菜的长势，讨论着怎么样才能侍弄得更好，骄傲地赞美着我们那"初露头角"的小菜。每每这时，我的内心总是一次次被激荡着，就是这样一块小小的菜地，让家长们如此地牵肠挂肚，让我们爸爸妈妈们感受到从未有过的合作的亲近，让我们感受到 3 年级 2 班积极向上的集体力量。

　　不负老师、孩子和家长的辛勤付出与殷殷期待，在短短三个月内，我们班级的农场先后收获了小葱、蒜苗、萝卜。每一次的收获，除了带给孩子收获的喜悦外，钟老师总会因势利导，或让孩子们回家用自己的收获做一个菜，或让孩子们写下收获感想，或给孩子们讲解相关知识。第一次吃到儿子亲手拔下来的小葱做的葱油拌面，我的心里感觉甜滋滋的，儿子认真地对我说："妈妈，你一点儿葱葱也不许剩，种菜也许有点累，但是吃自己

图 5-6　收获的喜悦

种的小葱真香呀！"我知道了，从此以后我不必再用"一分耕耘，一分收获"来对他说教了，他已经在身体力行的耕种中体会到了，这也应该是一种收获吧！

　　一日，儿子回来极兴奋地对我说，他们班级现在不仅有金沙有机

农场，而且钟老师给每个孩子开垦了一块"成长农场"。我很好奇，儿子让我去老师空间看看就明白了。原来，钟老师看到孩子们对金沙农场的种植兴趣盎然，总是期待着收获，受到启发，仿照各种网络农场的制式，让每个孩子建立一个属于自己的学习行为习惯农场，根据不同的表现生长、开花、结果，然后可以继续用收获开拓土地。细细想来，这真是一个妙招，是一个很有创意的鼓励方法。从那日起，每周五的"成长日"都成为孩子们欣欣期盼的日子，每个孩子都努力用优异的表现和良好的习惯来不断耕耘着自己的那片精神农场。我的心里不禁又一次暗喜，这也应该是金沙农场给孩子们带来的又一个收获吧！

几经播种、施肥、浇水、收获……时已冬日，世事万物大多虽已休养生息，但是应孩子们的要求，3年级2班的金沙农场中还是下种了。虽然那小小的幼苗成长得很慢很慢，让孩子们心急，我们也心焦。老师悄悄地告诉孩子们，等待、耐心地等待，我们家长的心似乎也豁然开朗了，绝不揠苗助长，只要不辍耕作，按时施肥、浇水、补苗……经过一个冬季的孕育，等到春天来临，一定会有不一样的收获。万物生长皆有规律，不违背自然法则，只需认真耕种，总会有收获的一日，这似乎也是教育的真谛。我觉得这应该算是金沙有机农场给我的再一个收获吧！

感谢金沙有机农场，当孩子们在这里体验播种、感受辛劳、懂得等待、理解责任、学会分享与尊重时，我们家长最初播种在金沙校园里的希望与期冀也在悄悄地萌芽、抽薹、开花……收获着孩子的历练与成长！播种不断，收获不止，金沙农场就这样孕育着一届届金沙孩子对生命的期盼与对理想的憧憬；播种希望，收获成长，金沙农场就这样默默地记录了无数家长与这片金沙土地最为深厚的情缘。

(金沙小学3年级2班 任溪言妈妈)

有机农场收获（学生感言）

种地，这对我来说可是个新鲜事儿，因为我从来没"玩过"这个，从老师说这个学年我们班级可以在校园农场耕种开始，我的心里就充满了期待。

一个细雨霏霏的午后，我们在老师的带领下第一次站到了那块属于我们的土地前。失望、失望呀，看着眼前那乱草丛生、长着枯萎的植物的土地，心里不禁感叹，这可怎么种呀？当我还沉浸在无比的沮丧中时，老师和志愿者爸爸妈妈们已经开始给我们分配任务了。我被分配了拔草的任务，心里暗自高兴，这个简单，挽起衣袖，我准备大展拳脚了。哎，这些个乱草枯秧，它们似乎与我较劲，总是一拔就断，有几个力气大的，还差点把我给晃摔倒。看看周围同学，情况似乎都与我差不多，有的女同学已经噘起了嘴。爸爸妈妈们看到这样的情景，连忙指导我们如何正确地去和这些植物"做斗争"。虽然最后好多同学的手被磨得通红，但是胜利是属于我们的，看着一丝杂草也不见的土地，我们的心里真是美滋滋的。

翻整土地、播种、施肥、浇水……在老师和爸爸妈妈、爷爷奶奶的指导下，我们尽心尽力地侍弄着我们的农场，几乎每天放学走过农场，我都会停留一下，暗暗地祈祷着那蒜苗、小葱、萝卜快快长大。

功夫不负有心人，一个周五放学后，我们终于迎来了农场的第一次收获，老师让我们依次进入农场拔几根小葱、摘几棵蒜苗，大家都兴奋极了，但又无一不小心翼翼，生怕踩到其他的植物，惊动了它们的成长。当我们把自己亲手播种的收获捧在手里时，心里真是无比地喜悦与甜蜜，大家叽叽喳喳地讨论着。有人说回去要马上把它们做菜吃掉，有人说回家要先和这小葱、蒜苗拍个亲密合影，还有人说要把这第一次的收获做个植物标本……我呢？我回家后，当然是把这个第一次的农场收获给大快朵颐了，用那碧绿的小葱、青翠的蒜苗，自己亲手做了一大碗香喷喷的葱油拌面，全家人一起分享了。说实话，我觉得那碗葱油拌面是我至今吃过的最好吃的美食。

图5-7　一分耕耘，一分收获

　　在我们全班师生和家长的努力下，我们班级的有机农场收获了小葱、蒜苗、萝卜……年末，妈妈问我在农场都收获了什么？这个还用问吗，当然是没有污染的有机美食了！嗯……嗯，好像还有，我好像懂得了什么是"付出才有收获"，也理解了"粒粒皆辛苦"的含义，还学会了很多耕作知识，对对对，我还更加敬佩年复一年辛苦耕作的农民伯伯了。总之，我喜欢我们的金沙有机农场，我喜欢3年级2班那块让我收获满满的土地！

（金沙小学3年级2班　任溪言）

在学校的长期坚持下，孩子和家长逐渐理解了学校开展农耕项目的做法，不但形成了自觉行为，还扩展了农耕项目的内容。孩子们还走进社区参与丰富多彩的环保活动。

校园农耕项目的开展，提升了学生的农耕知识和技能，使得参与的学生、教师、家长、专职农夫以有机农耕为切入点，深刻理解人与自然和环境的关系，懂得在生活中采取与自然环境友好共处的方式。

2. 金沙特色课程——儿童金沙剧

金沙遗址以磅礴的气势、瑰丽的色彩如歌而至，引得惊呼一片。成都市打造的舞台剧《金沙》，在各地巡回演出，广受好评。我们则从自身的教育视角出发，由学校教师和学生共同编写金沙小学儿童金沙剧。

儿童金沙剧是金沙小学教师和学生倾力打造的校园剧目。创作之初，全校进行了多次的专题调研讨论活动。在学生交流会上，学生们畅所欲言，表达了自己心目中的金沙剧设想，为师生编创组提供了最有价值的思考线索。

(1) 人文版

其实，创作儿童金沙剧的构想可以追溯到 2005 年。随着金沙遗址的开发，一批批文物和大众见面，成都人都不禁为这旷世发现而欣喜。当时，我们所在的学校和金沙遗址比邻而居，金沙文化时时刻刻打动着师生的心。

2005 年年初，全校师生就开始认真解读金沙文化，并以此为基础创作儿童金沙剧。第一次创作剧本，大家都充满了期待和紧张，教师、学生、家长、专家都积极参与创作，形成了一个以历史人文为线的人文版儿童金沙剧。

2006 年 12 月 29 日，这是中育实验学校每年一度的元旦读书节活动，由师生自编、自导、自演的人文版儿童金沙剧倾情上演了！参加演出的不光有本校学生、家长、教师，还吸引了大批社区居民、省市区领导，更难能可贵的是一批知名教育专家、学者也从北京赶到了表演现场。

案例

人文版儿童金沙剧剧情简介

【概述】

学校和金沙遗址比邻而居，金沙文化时时刻刻打动着我们的心。从 2006 年年初，我校师生即开始创作儿童金沙剧。在历时一年的创作中，我们深刻认识到，成都的历史文化是博大精深的。三国争霸代表着成都人的勇敢；司马相如和卓文君的故事象征着成都人对自由、幸福的追求；都江堰千年伟业是成都人智慧的结晶……这些都是成都不可分割的部分。金沙文化也是成都文化的一部分，我们认识金沙，更应该认识成都。所以，我们在儿童金沙剧中，以寻母为主线，介绍了孩子们比较熟悉的几个历史场景，展示了川西民居、川剧脸谱、川江号子等富有四川特色的民情风俗，情景交融，活动与教育相呼应，力图达到启迪孩子情感与智慧的目的。

【序幕：祭祀】

灾难降临，古蜀遭受大旱灾，为拯救苍生，蜀王在巫师的鼓动下准备用童男沙来祭祀，以祈求甘霖。在巫师准备火烧沙的时候，沙的母亲金悲痛欲绝，以慈母之心质问苍天。上天感其情，雷霆交加，风雨大作，现场一片混乱，沙消失在行刑台上，孩子稚嫩的"妈妈、妈妈"的呼叫声响彻寰宇。

【第一幕：智者孔明】

混乱中，沙穿越时空，来到了三国战场。在这里，他看到了古代征战的场面，遇到了智慧的化身孔明先生。似乎是先知先觉的力量，孔明指引沙到美丽的地方寻找妈妈。

【第二幕：才女卓文君】

在智者的帮助下，沙走进了繁花似锦的卓文君故里。花团锦簇，琴声悠扬，沙看见了翩翩起舞的花仙子，遇到了才女卓文君，误以为仪态万方的卓文君就是妈妈。卓文君告诉沙，有水的地方就有妈妈。

图5-8　人文版儿童金沙剧剧照

【第三幕：大贤李冰】

成都的生命之水就在都江堰，沙来到了都江堰劳动现场。景色清幽、熊猫嬉戏，水精灵欢迎沙的到来。李冰以贤者的法力，唤起等待千年的河神，河神和水精灵一起带着沙去寻找妈妈。

【尾幕：繁荣成都】

来到金沙，沙找到了妈妈，一群小学生在老师的带领下参观金沙博物馆。妈妈金、孩子沙、河神目睹今天繁荣昌盛的成都，感慨万千，他们一起祝愿成都的明天更美好。

历史睡着，但会醒来。人文版儿童金沙剧是对金沙文化的激活与弘扬，是教育人对教育的思考，是师生亲近历史文化的契机，是我们想象和创造的舞台。人文版儿童金沙剧设计、编剧和演出的过程体现出以下几个特点：一是师生实现自我教育的过程，也是师生共同熏陶情感、态度、价值观的过程；二是师生共同探究、共同发展的互动过程；三是通过演出、观看金沙剧，发挥学校文化对社会辐射的作用。人文版儿童金沙剧是一个教育互动过程，而不仅仅是演出过程。

案例

尾幕朗诵词

下面这首朗诵词由学校师生共同创作，朗诵起来词句铿锵，韵味悠长，激发了孩子们对成都文化的喜爱。

千年古都，人杰地灵，
千年古都，源远流长。
五千年文明耕植古蜀文化，
千万个名胜铸造古蜀辉煌。

一江奔泻，沃十万良田，
三星交辉，起千年灵秀，
武侯出师，兴巴蜀风雨，
金沙览胜，奏华丽乐章。

都江堰成风雨顺，恩泽成都谷满仓。
大贤李冰，造福千秋万世，
时至今日，乃受万民敬仰。

武侯祠里出师表，琴台路上凤求凰，
幽竹林中，观景望江楼上，
浣花溪畔，吟诗杜甫草堂。

金沙一醒惊天下，三星出土传四方。
千年铜像，铭记古蜀史诗，
太阳神鸟，携带希望飞翔。

太白游，传蜀道之绝唱，
少陵去，留草堂之篇章。
薛涛望江低吟，
东坡凭栏高唱。
紧随古人千年的梦想，
新成都，携手扬帆起航。

今我成都，花开更艳，
今我成都，花开更香。
今我成都，志存高远，更上层楼，
今我成都，务实创新，富民兴市。
今我成都，千年文明一脉承，
今我成都，奋起攀登更兴旺。

教育不是灌输，是点燃。素质教育的全面实施是对优秀文化传统的继承，是今天社会发展的必然要求。人文版儿童金沙剧是学校全面推进素质教育中的一个重要环节，在这里，所有参与者都得到了熏陶。举一个特别小的例子，剧中自制道具的难度最大。学校师生一起到剧场观看成人版金沙剧演出，把宣传海报看了一遍又一遍，从中寻找灵感。孩子们用蓝色塑料薄膜为主体，用彩色纸为花边，做成了漂亮的斗篷，不仅便宜，而且在表演时更轻盈；用纸板做出船的侧面模型，提着"船"滑行更省力……这些细小的"创新"，给予孩子的是成功的满足感，是对团结协作、智慧节俭美德的诠释，是对古蜀文化的体验式学习。

（2）风情版

2007 年 9 月，金沙小学正式开学，从这天开始，我们就一直筹划着要排演属于金沙小学的儿童金沙剧。筹备之初，学校组织召开了多次创作专题研讨会，包括年级组讨论会、学科组探讨研究。不久，学校主创人员掌握了学生和教师搜集的第一手资料，逐步形成了初步的剧本创作背景和构想。这个过程也涌现了诸多热心学生，他们敢于发表自己的独特见解，提出自己的希望，表达不同的看法。

来自金沙遗址博物馆、成都市美术馆、省内著名影视剧创作团体的专家以及学校师生、家长代表共同讨论、研究，为该剧注入了深层次活力。家长们的兴趣也非常浓厚，他们惊喜地赞扬着孩子们的想象力，补充着自己的点滴思考，出谋划策，不遗余力。专家导师团不仅在剧本创作方法上给了大家不少启发，也从舞台表现的角度为剧本打开了一扇新的视窗，使金沙剧既有校园自己的个性，从中散发着学生生活的精彩趣味，表达了学生的情感体验，又让"演出剧目"跳出"演"的框子，让所有的参与者融进过程教育当中，融合课堂教学、学生活动、家校互动等各个方面，真正起到以点带面的效果。他们为我们提供了"在金沙文化的背景下，表现儿童化的'万物有灵'"的创造构思，使得创作阶段的工作很好地开展起来。在此基础上，我们让学生自己来编写剧情，再进行编排，以四川风情为线创作出了风情版儿童金沙剧。

2011 年，风情版儿童金沙剧首映式在金沙小学布置一新的"JS 舞台"上隆重举行。该剧充分展示了四川孩子的情怀，这是全体金沙成员的文化梦想，也是我们对金沙文化的理解与传承。在丰富多彩的文化活动中，孩子们对家乡文化的理解以及思考问题、解决问题的能力都得到令人惊叹的发展。我们深深认识到，每一个孩子都是天才，他们是天生的文学家、艺术家。

风情版儿童金沙剧

万物有灵

第一部分

金沙小学一队小学生在老师带领下参观金沙遗址博物馆。

两位小朋友（男：金子阳；女：沙晓月）边走边嬉戏，渐渐落到队伍后面。

一只美丽的鸟从天而降，落到附近，金子阳、沙晓月惊呼着跑过去，手刚接触鸟，一声巨响，他们来到了一个奇异的世界。

图5-9　风情版儿童金沙剧剧照1

第二部分

他们来到了远古金沙的世界。

茂密的小草欢快地生长。

刚刚升起的红红的太阳欢迎小朋友的到来。

古树成林，在森林的边上有一幢小房子。

金子阳、沙晓月惊奇地观看着周围的一切，突然听到了抽泣声："妈妈，我要妈妈，你在哪里？"两人循声而去，发现一棵大树后一只孤单的小象正在伤心地哭，金子阳问："小象，小象，你怎么了？"

　　小象边哭边说："我今天和妈妈出来，我在花丛里走着走着，妈妈就不见了。""小象乖，不着急，我们帮你找妈妈吧！"

　　"好的。"

　　在草丛里，一些可爱的熊猫在玩耍。

　　来到熊猫的旁边，沙晓月说："小象和妈妈赏花的时候走丢了，你们看见过象妈妈吗？"

　　"没有，"熊猫给他们出主意，"在鲜花盛开的地方，也许可以找到你的妈妈。"

　　小象听了，高兴地说："熊猫哥哥你太聪明了，对呀，我应该在花开的地方找妈妈，我太高兴了。找妈妈去啰！"

图 5-10　风情版儿童金沙剧剧照 2

第三部分

（花上）

金子阳、沙晓月和小象去询问花仙子。

金子阳："小象和妈妈走丢了，你知道象妈妈在哪里吗？"

花仙子："哦，对不起，我没有看见。"

希望落空的小象悲伤极了，金子阳、沙晓月安慰小象。

天晚了。

远处传来猫头鹰的叫声，一只田鼠偷偷出来找食吃，猫头鹰从树上扑下来抓田鼠，田鼠从花丛里逃跑了。

起风了，渐渐地变大，雷声响起，开始下雨了。

小象、金子阳、沙晓月躲到大树下，小象边说边哭泣："下雨了，我怕，我怕，我要找妈妈，我要找妈妈，我的妈妈呢？"

金子阳、沙晓月安慰小象："我们会帮你找到妈妈的。你仔细想想，妈妈会到哪里呢？"

"下雨，水……"小象认真地想，"哦，妈妈喜欢到河边喝水！"

"也许你妈妈就在河边呢，咱们明天去河边找你妈妈吧！"

小象不怕了，打算明天继续找妈妈："好吧，我一定能找到妈妈的。"

第四部分

天亮了，太阳升起。

农夫从房子里出来种地，妇女提着陶罐在地里浇水。

金子阳、沙晓月和小象沿着森林找象妈妈。

河边，水欢快地流着，水精灵跳着欢乐的舞蹈，鱼儿吐着泡泡起舞。

两只大象沿着河边走过来，象妈妈边走边说："我们的儿子呢？昨天我们在赏花，走着走着就不见了，到哪里去了呢，真急人啊！"

象爸爸焦急地叫："小象，小象，你在哪里？"

小象隐隐约约听到了爸爸的声音，停下脚步仔细听。

象妈妈叫："小象，小象，你在哪里？"

图 5-11　风情版儿童金沙剧剧照 3

　　小象听清楚了，高兴地大叫："妈妈，爸爸，在这里，我在这里!"

　　小象找到了爸爸、妈妈。

　　"小象找到爸爸、妈妈了，多么让人高兴啊! 让我们尽情欢乐吧!"金子阳大声说。

　　因为有爱，万物复苏，大家唱起了歌，跳起了欢快的舞蹈。

(3) 魔幻版

　　随着对金沙文化的深入了解，孩子们对金沙文化有了更加浓厚的兴趣。尤其是对太阳神鸟金箔来源的猜测，这是孩子们最感兴趣的话题。穿越、魔幻是近年来流行的文化元素，孩子们也跃跃欲试，编排了魔幻版儿童金沙剧，体现了孩子们对金沙文化的大胆猜测。2014 年，魔幻版儿童金沙剧成功演出。

案例

魔幻版儿童金沙剧

太阳神鸟

出场人物：四大长老、月亮、星星、大巫师、太阳及群众甲、乙、丙（一位老人，两个女孩）。

第一幕

（背景：一片树林，树林前是一片草地，草地上搭着几间小窝篷。）

【旁白：很久很久以前，古蜀国有一个古老而又神秘的部落叫"金沙"。那里鸟语花香，四季如春，十分富饶，人们安居乐业，过着幸福的生活。】

老人坐在树下休息，两个女孩在草地上嬉戏。

图5-12　魔幻版儿童金沙剧剧照1

女孩甲：（指着草地问女孩乙）你说，为什么天会这么蓝，草会这么绿呢？

女孩乙：这个，我也不知道。

女孩甲（跑到老人身边）：爷爷，您说是为什么呢？

老人：那都是因为有太阳啊！因为有了太阳，我们的生活才这么美好啊！

女孩甲、乙和老人都站在台前：是啊，我们的生活多么美好，这一切都是因为有了太阳。

【旁白：可是有一天，太阳突然不见了，整个金沙一片黑暗。】

舞台上的灯光变暗，伴随着人们的尖叫声、奔跑声，传来了巫师邪恶的奸笑声。

巫师：哈哈哈哈，哈哈哈哈。太阳以后就是我的了！

接着舞台上的灯光变亮一点，尖叫声、奔跑声都停下了。

女孩乙（拉着老人的衣襟）：爷爷，爷爷，我害怕。

老人：别怕，孩子们，有我呢。

女孩甲：哎呀，太阳，太阳不见了。

女孩乙：什么？太阳不见了，那可怎么办啊？

老人：看样子，我们只有去找四大长老了，也许他们能有办法。唉！

第二幕

（还是前一幕的背景，但是没有窝篷。）

（群众甲、乙、丙上）

女孩甲、乙（气喘吁吁）：爷爷，还要多久才能到啊？

老人（擦了擦头上的汗水）：再坚持一下，马上就到了。

女孩乙：这四大长老也真是的，干吗要住在这么远的地方，这不是折磨人吗？

（四大长老上）

大长老：是谁要找我们啊？

女孩甲、乙：是四大长老吗？

二长老（点点头）：嗯，你们找我们有什么事吗？

老人：大长老，您听我说，太阳，太阳不知道怎么不见了。

三长老：什么？太阳不见了？我就说怎么这两天天变暗了，我还以为是睡觉的时间到了。

四长老（敲了三长老一下）：就知道睡觉。（对大长老）大哥，这没有了太阳可不行啊，这些百姓要怎么生活啊？

老人：就是啊，所以，小老儿带着孙女来找几位长老，希望长老们能想想办法，没有太阳，连草都不长了啊。

大长老（沉吟）：嗯，这是个问题，三位弟弟，咱们这就出发去找太阳吧。我们一定要把太阳找回来。

第三幕

（背景是一片森林）

【旁白：四大长老告别众人，踏上了寻找太阳的路，他们首先到了一片森林。】

（四大长老上）

三长老：哎哟，累死了。大哥，我们歇歇吧。

二长老：大哥，我们休息下吧，弟弟们都累了，再说，我们这样漫无目地找也不是个办法啊。

四长老：就是啊，谁知道太阳去哪儿了？

（月亮在幕布后面回答）

月亮：来问我啊，我知道啊。

大长老：谁？谁在说话？

（月亮从幕布后面出来）

大长老（狐疑地）：你是谁？

月亮：我是无所不知、无所不能的月亮。

二长老：你是月亮？你知道我们要去干什么？

图 5-13　魔幻版儿童金沙剧剧照 2

月亮：当然，我就是帮你们的。

二长老：你说你是来帮我们的，我们怎样才能相信你呢？你看起来可一点也不像是月亮。

月亮（从背后拿出月亮的头盔戴在头上）：哦，刚刚忘戴了。现在你们相信了吧，这个头盔只有真正的月亮才有。

大长老（点点头）：不错，你是月亮，这个头盔是只有真正的月亮戴上才会发光。

二长老：我们相信你就是月亮，你说你知道太阳怎么了？那你快说说啊。

月亮：太阳呀，被邪恶的大巫师抓走了，我在这里就是为了等你们。

四大长老：等我们？

月亮（从背后拿出一个盒子）：对啊，等你们，只有你们才能打败大巫师，把太阳救回来。

二长老：我们能行吗？

月亮：当然可以，你们呀，要对自己有信心。（将盒子交给大长老）这个盒子里的东西能帮助你们制服巫师。但是，你们要记住一点，这个盒子一定要等到遇见巫师的时候才能用，不能提前打开，不然就会失去作用。

大长老：那您能告诉我们在哪里能找到大巫师吗？

月亮：这个嘛，嘿嘿，我也不知道。

四长老：你不是无所不知无所不能吗？

月亮：这个也不能怪我嘛，大巫师抓走太阳的时候我正在休息呢。不过，星星看见了，你们可以去找星星。

四长老（捅了捅三长老）：看，一个跟你一样懒的人。

月亮：我可不是懒，太阳是白天工作晚上休息，我是晚上工作白天休息。这样，有了日夜交替，你们才知道什么时候应该工作，什么时候应该休息。（伸了伸懒腰）好了，你们走吧，我要休息了，记住，盒子一定要等到遇见大巫师的时候才能打开。否则，里面的东西就会失去作用。

（月亮说完就走到幕布后去了）

第四幕

（背景换成了一座高山）

【旁白：四大长老又踏上了寻找星星的道路，这一次他们来到了一座高山。】

四大长老：星星，你在哪儿？

（星星上）

星星：是谁在找我啊？

大长老：是我们，人类的四大长老，是月亮让我们来找你的。

星星：你们找我有什么事吗？

二长老：太阳被大巫师抓走了，月亮告诉我们你知道他在哪儿。

星星：我知道倒是知道，不过，我凭什么要告诉你们呢？

大长老：星星，没有了太阳，人类都生活在一片黑暗当中，求你告诉我们吧。

星星：唉，看你们也可怜，这样吧，（从身后拿出一个布袋）这样吧，你们能从我手上抢走这个布袋，我就告诉你们。

星星说完就在山后面躲了起来，四大长老围在一起商量了一下，然后又散开了。

大长老：星星，你出来吧，你把布袋给我们，我们给你世界上最漂亮的衣裳。

星星：我才不稀罕呢，我就不出来。

二长老：星星，你出来吧，你把布袋给我们，我们就请你品尝世界上最好吃的东西。

星星：我就不出来。

三长老：星星，你出来吧，你把布袋给我们，我们给你世界上最漂亮的皇冠。

星星：我才没兴趣呢。

四大长老互相眨了眨眼。

四长老：唉，看样子，星星是真的不愿意出来了，我们实在是没办法了，我看我们还是回家吧。

大长老：看来也只有这样了。

四大长老都悄悄地在山后躲起来，舞台上空无一人。星星从山后面探出来头，四下望了望，确定没人后从山后面出来。

星星：真的走了，太没有意思了。

这时，四大长老从山后面跳出来，三长老、四长老抱住星星的腿，二长老抱住星星的腰，大长老夺过星星手上的布袋。

大长老：哈哈，被我们拿到了吧。

星星：好哇，你们，你们使诈。

二长老：星星，你不要生气，我们也是没有办法。

星星：我没有生气，好了，你们通过考验了，这个布袋本来就是要给你们的。

　　三长老：考验？

　　星星：对啊，要打败大巫师不仅要勇敢还要有智慧，现在这些你们都有了，你们可以去找大巫师了。

　　四长老：那大巫师在哪里呢？

　　星星：他就在金沙河边，记住，这个布袋一定要在打开月亮的宝盒之前打开。

　　四大长老：嗯，我们记住了。

　　星星：那好，来不及了，你们快上路吧。

第五幕

【旁白：四大长老终于来到了金沙河，找到了太阳。】

图5-14　魔幻版儿童金沙剧剧照3

　　四大长老：大巫师，你快放开太阳。

　　大巫师：哈哈哈，我还以为是谁呢？原来是你们四个啊？愚蠢的人类还想跟我作对，我劝你们，不想死就趁早离开。

　　大长老：哼，我们才不怕你呢，谁死还不一定呢。

　　大长老说着打开了星星的布袋，两道金光就朝大巫师的眼睛射过去（可用手电筒代替），巫师捂着眼睛在地上翻滚。

巫师：啊，我的眼睛，痛死我了。

二长老打开月亮的盒子，将盒子里的金绳分给其他的三位长老，四大长老拿着金绳从东南西北四个方向过去将大巫师捆起来。然后，四大长老将太阳放出来。

太阳：谢谢你们，四大长老。

四大长老：不用谢，这是我们应该做的。

大巫师：哈哈哈，四大长老，虽然你们今天抓住了我，可以后还会有别人打太阳的主意的，太阳迟早都是我们的。哈哈哈。

四长老：你闭嘴。

二长老：大巫师说的也有道理，以后一定还会有别的坏人来抓太阳。

大长老：是啊，那可怎么办呢？

太阳：我有一个办法，除非你们化成四只太阳神鸟，永远地跟我在一起。这样，坏人们就不敢再靠近我了。可是，你们愿意吗？

四大长老：我们愿意，我们这就化成太阳神鸟，以后永远守护您。

【旁白：就这样，四大长老为了不让太阳再受到伤害，化成了四只美丽的太阳神鸟，时时刻刻保护着太阳，太阳也因为神鸟的保护，发出了十二道神奇的金光。金沙人看到了这个无与伦比的奇景，也为了纪念四大长老，雕刻了一个太阳神鸟的金箔。从此以后，"太阳神鸟"就成了金沙的象征。】

除了以上几种有代表性的儿童金沙剧，孩子们还自发编排了多种多样的剧目，有的在班上展示，有的进入社区演出，还有的参加各级比赛，取得了不错的成绩。

　　到目前为止，学校推出的金沙童话剧已经形成了多个版本，每年在学校舞台上展示。每次上演金沙剧，全体家长都会安排时间来到校园，社区代表们也会主动来为孩子们加油。

　　在大家的关注下，孩子们表现出极大的兴趣，与金沙童话剧相关的剧本创作、美术、手工、主持、表演、舞蹈等逐渐形成了学校的特色选修课程。在选修课上，舞蹈课程老师和孩子们一起排练与金沙剧相关的舞蹈片段，手工课程学习制作舞台道具，美术课程研究舞台布置……很多与金沙剧相关的项目都被分散到了各个选修课里，极大地丰富了孩子们的学习和生活。

　　在学校组织的活动上，孩子们向大家展示自己制作的作品，这些极富童心的大胆设计让所有人都赞叹不已。

图 5-15　孩子们的作品展示 1

图 5-16 孩子们的作品展示 2

图 5-17 孩子们的作品展示 3

谢谢你，金沙童话剧（演员的话）

金沙，一个美丽的追梦之地；金沙小学，是我梦的起点。在这里，那一场别开生面的金沙童话剧让我久久难忘。

剧中讲的故事是金子阳和沙晓月带着一只可爱的小象，寻找着它的妈妈。在金沙的土地上，他们看见了娇艳的芙蓉花、美丽的小精灵，通过一次又一次的努力，他们终于帮助小象找到了妈妈。

图 5-18 金沙童话剧剧照

这个充满爱的故事使我印象深刻。我在剧中表演的是一朵芙蓉花，芙蓉花的舞蹈充满着柔美，如水一般，让人看了觉得它好似一条温柔的小河，轻轻地流淌着。刚开始排练时我十分不情愿——一直举着那把玫红色的扇子，我的手十分酸痛。可稍微动一下，老师那充满警告意味的眼神便投了过来。如此辛苦，我就想到了放弃。与我一起的同学似乎猜出我的心思，对我说："做事要有始有终，就算再苦再累也得坚持下去，千万别中途放弃啊！"我突然觉得很羞愧，这么点苦我就想放弃，如果所有人都这么想，何以成就这个充满爱的童话剧？

于是我暗下决心，一定要坚持，一定要把这个舞蹈跳好！

排练时正是烈日炎炎，骄阳似火，就算坐着不动也要汗流浃背，更别说我们一直在太阳底下不停地练着舞蹈。一遍又一遍地排练，枯燥无味，汗水使衣服粘在身上，十分难受，可我依旧认真地做好每一个动作，手举得再酸，我也坚持着，对每一个动作精益求精，力求做到位，再苦再累也咬牙坚持，不再想放弃。当其他同学坐在教室里享受着风扇带来的清凉时，我们在大太阳底下挥汗如雨；当其他同学惬意地看着书时，我们在操场上一次次地旋转着……

终于到了表演的时候，我的心紧张得怦怦直跳，心底有一个声音在呐喊："一定要成功！"到芙蓉花的场面了，一上场，炎炎烈日仿佛一下消失了，心中只想着如何让动作更优美。随着音乐，我们翩翩起舞，就好像我真的是一朵芙蓉花在随风起舞。这时场下的观众都站起来鼓掌，掌声雷动。那一刹那，我热泪盈眶，几乎就要哭出来。我突然觉得这些天的辛苦排练是值得的，我们用这些天的辛苦换来了这一刻的成功。

俗话说："一分耕耘，一分收获。"只有努力和汗水，才能换来成功的喜悦。其实我们的生活也好像一篇童话，结局的好坏全由自己来掌握。

谢谢你，金沙童话剧，你不仅让我重新认识了这个美满的世界，认识了美丽的金沙，更让我懂得了付出才有回报。我爱你，金沙！

(金沙小学6年级5班　李湘瑞)

3. 校园文化课程——梦想与成长

"追逐梦想，从心绽放"是金沙小学的校训。我们特别强调，每一个孩子都要做一个有梦想的人。我们希望，金沙小学是孩子们的梦想之地。

在我们的理解中，金沙小学校园文化的一点一滴，都是学校隐性课程的一部分。作为教育工作者，我们所做的任何一项工作也都在为保护孩子的梦想而努力。

现在，走进金沙小学的大门，迎面而来的就是宽敞的梦想大道。梦想大道上有显眼的文化墙，文化墙上展示了金沙的特色文化，文化墙下两侧留下的则是孩子们的脚印。

图 5-19　梦想大道

梦想大道上的小脚印。梦想大道上的小脚印是 2007 年 9 月开学典礼上第一批金沙学子踩下的小脚印，寓意着金沙学子的梦想之旅从这里开始，成长之路从这里开始。

当时，孩子们兴致勃勃地在陶泥上踩下自己的脚印，写上自己的名字，然后学校烧制成陶砖，铺设在梦想大道上。自此以后，每年的开学典礼，新生都会和家长们一起印下求学路上的第一个足迹，开始脚踏实地的学习生活。

图5-20 新生和家长们一起在梦想大道上印下自己的足迹

团结的小脚印。2008 年，四川经历了"5·12"特大地震，这给所有四川人带来了不同寻常的记忆。2008 年秋季开学时，学校专门策划了以团结为主题的踩小脚印活动。学校先整体制作了模板，当年开设一年级班级七个，模板的底色就是七条彩虹，孩子们分组手挽手走上模板，在彩虹上留下自己的脚印。孩子们用这种方式，表达了团结友爱、战胜困难的集体意志。这组珍贵的彩虹脚印，学校把它挂在了教学楼四楼学术厅外侧。

电子版小脚印。随着年级的增多，孩子们踩下的脚印将没有地方陈列。为了解决这个难题，我们开始设计电子版小脚印。我们先在白纸上制作好模板，孩子们再在纸上踩下自己的脚印，写上自己的名字，还可以印上爸爸、妈妈的手印，写上孩子的或者是家长的梦想，成为家庭梦想的记录单。然后，学校再用扫描仪把这些图案扫描进电脑里，成为永久保存的梦想资料。学校也会把当年入学的孩子们的电子版小脚印喷绘出来，在学校里张贴。现在，新生入学踩小脚印活动已经成为金沙小学传统的新生入

图 5-21　2008 年小脚印活动

学仪式，特殊的形式、特别的意义，赢得社会一致好评。每年 9 月，家长和孩子们就会早早做好准备，在老师的带领下完成这个有意义的活动。

图 5-22　2009 年小脚印活动

　　梦想成真墙。如果说一年级入学时踩下自己的脚印标志着小学生活的开始，那么六年级毕业时留下自己的梦想，就意味着小学生活的结束。学校每届六年级的毕业典礼都有一个重要节目，即将自己的梦想写下来，投进梦想成真墙。

图 5-23　梦想成真墙

　　从成长的足迹到梦想成真墙，金沙小学记载着孩子们成长的点点滴滴。孩子们在金沙小学丰富多彩的校园生活中，让自己的梦想苏醒、发芽，这将引导孩子们茁壮成长。在每届毕业典礼上，教师看着曾经稚嫩的孩子们的面庞，无不欣然泪下；孩子们看着日渐老去的教师，回想曾经的小学生活，无不感慨万千。下面选取的是首届毕业生集体朗诵的诗歌。

首届毕业典礼诗朗诵——梦想从这里起航

这首诗高度浓缩了孩子们成长的足迹，也高度概括了金沙小学校训"追逐梦想，从心绽放"对孩子们的影响。

一棵小树在山上生长，

不远处是一片森林的海洋。

它盼着那起伏的林海涌来，

好扑向那绿色的海浪……

一只小鸟在林中飞翔，

它时常落在小树的枝上。

它盼着自己的歌喉能更优美，

有一天也好加入百鸟的合唱……

一个孩子怀着他的向往，

他喜欢站在高处眺望。

他想知道外面的世界有多宽广，

他想探索那个谜一样的远方……

我们的心中都藏着一些小小的愿望，

就让我们的梦想从这里起航！

梦想是创意的第一步，也是儿童成长的原动力，人类在梦想的指引下产生了无数科技发明和艺术创意。每一个金沙学子都将怀着光荣与自信踏上梦想之路，步入文化的殿堂、学习的乐土，追逐梦想，勇于探索，热爱生活，不断成长。

六年学习，六年培育，金沙小学留下了每一个孩子成长的足迹，也放飞每一个孩子的梦想与未来。

4. 积极评价——滋养师生

学生在学校文化中获得滋养，在学校活动中健康成长。学校文化是为学生成长服务的，学校的任何教育资源都将在学生成长中产生作用。我们选择用成长册来记录教师和学生的成长，用日常化的数据来量化考核，用成长职级制和金沙币来鼓励学生养成良好的生活素养。学生表现出来的自信阳光、主动快乐、积极向上这些健康美好的生长状态，也必将彰显学校文化中积极的因素，成为学校文化中最为生动的一部分。

金沙币。金沙币是金沙小学创新学生管理的产物，是学校推进学生评价改革的一个物化标志。学生获得金沙币的途径很多，如操行优秀、学习进步、帮助他人、参加学校活动等。金沙币在金沙小学内的金沙超市里可以用来购买需要的学习用具，不过大多数学生更愿意把拥有金沙币的多少看成是自己成长的一部分。

在学校的整体要求下，每个年级都制定了本年级的金沙币发放细则，在各个班级实施。这种办法照顾了学生的年段特点，更实现了年级自主管理权限的下放，教师实施起来更轻松，学生更喜欢金沙币了。

案例

三年级金沙币发放细则

一、日常行为规范

（一）班级贡献

1. 获得"太阳班级"称号，全班获得一张奖票。

2. 获得"洁净教室"称号，全班获得一张奖票。

3. 获得全校集体朝会表扬，全班获得。

4. 认真参与学校各项义工工作，如执法员工作尽职尽责可获两张奖票。

5. 认真参与学校各类大型活动并表现良好获得一张奖票。

6. 班级或个人获得市级奖项，全班或个人可获得五张奖票；获得区级奖项者，全班可获得三张奖票；获得校级奖项者，可获得两张奖票。

7. 利用课间休息、午餐过后的空余时间，积极主动地维护校园环境，经学生中心表扬后，可获得一张奖票。

（二）个人行为规范

1. 着装、发型符合小学生的各项规范且每周校会认真穿着校服、佩戴红领巾，可获一张奖票。

2. 课间活动文明有序，不追逐不打闹者，可获得一张奖票；课间追逐打闹奔跑者，则扣除一张奖票。

3. 两操（早操、眼操）动作规范，呼号响亮者，可获得一张奖票；做操不认真者，则扣除一张奖票。

4. 座位随时干净整洁者，可获得一张奖票；座位有垃圾，未及时清理者，每发现一次则扣除一张奖票。

5. 主动维护班级卫生者，可获得一张奖票；破坏班级卫生者，每发现一次扣除一张奖票。

6. 排队做到快、静、齐，路队行径唱歌者，可获得一张奖票；排队慢闹乱，未唱歌者，则扣除一张奖票。

7. 选修、兴趣活动参与并且表现优异可获得 2 张奖票/期，良好获得 1 张奖票/期，学生表现依据任课教师评定。

二、学风建设与学习习惯养成

（一）学习习惯

1. 课前静息表现优秀者，获得一张奖票。

2. 上课积极发言，回答问题声音响亮者，可获得一张奖票。

3. 书写姿势标准，身正足安者，可获得一张奖票。

4. 书写工整、漂亮、干净者，可获得一张奖票。

（二）学习成绩

各学科考试中，成绩优异或有进步者，得到相应奖励。

备注：本约定采取升级兑换制度，五张奖票兑换一个笑脸，五个笑脸兑换一枚金沙币。本约定将在今后学生的集思广益中进行相应调整和完善，约定一旦成立，请大家一起遵守。加油吧，相信孩子们会越来越优秀！

图 5-24　学生通过申请做学校义工、参加午餐管理来获得金沙币

图 5-25　学生用金沙币在金沙超市里购买需要的文具

图 5-26　学生将金沙币存储到金沙银行以赚取"利息"，也存下了自己的品德修养

太阳公民升级制。学生中心是学生自己的组织，积极构建了模拟儿童游戏的阶梯激励机制，构建了三级学生管理制度，即太阳公民升级制——太阳公民、银太阳公民、金太阳公民，每个等级都代表着学生们的点滴成长与收获，让学生们成为会关心、会负责、能管理、能创新、具有健全人格的全面发展的人才。

太阳公民——每一个学生最初的身份。当你能够积极地自我管理和参与学校各项义工活动，恭喜你将光荣晋级。

银太阳公民——晋级为银太阳公民后，你将有机会加入学生中心的工作并获得相应的报酬（金沙币），你将体会到劳动的喜悦与收获。

金太阳公民——晋级为金太阳公民后，你可以直接参与组织管理金沙学生中心的各项工作，协调好各部门之间的运作并获得相应的报酬。你的组织能力、管理能力、协调能力将在这里得到锻炼。

太阳公民升级制不只是一个结果的奖励，而是整个教育过程的动态激励，它引导学生从小成功走向大成功，从小进步走向大收获，让学生在每个阶段每一方面都受到激励，在整个学习过程中都处于激励之中。同时，在三次升级、多重体验中，逐步使学生树立良好的公民意识，逐步培养出具有金沙文化特质的孩子。

案例

太阳公民升级细则

一、全体学生均为金沙小学的太阳公民，遵守学校校规校纪，完成学业任务，承担金沙小学的义工工作，可自愿购买太阳公民的标志斗篷。

二、每位老师均持有两枚金沙印章，分别为加分及减分印章。通过对学生各个方面的评定，累积积分。积分以一学年为周期，学年结束积分清零。

三、太阳公民需积累80枚金沙印章可升级为银太阳公民。升级后可获赠银太阳斗篷，并参与传媒、美食、环卫、银行、超市等部门的工作。

四、银太阳公民需积累100枚金沙印章可升级为金太阳公民。升级后可获赠金太阳斗篷，并参与监察、执法等部门的工作。

五、银太阳公民每学年度至少需获90枚金沙印章，方可保持银太阳公民称号及银太阳斗篷。若银太阳公民在当学年度所获印章未及

90 枚，则自动降级为普通太阳公民。

六、金太阳公民每学年度至少需获 100 枚金沙印章，方可保持金太阳公民称号及金太阳斗篷。若金太阳公民当年度所获印章未及 100 枚，则自动降级。

七、对有突出表现的太阳公民，经金沙顾问团及监察部合议后，可视情况直接升级。

八、若家长获得金太阳家长称号则学生可获得相应积分。

九、本细则解释权归金沙小学所有。

金沙币和太阳公民升级制共同为学生搭建了自主管理的平台，形成了学校学生管理的特色。在这些平台下，学校激励学生参加各种活动，以主人翁的态度做有责任心的太阳公民，使他们在丰富多彩的活动中享受到成长的快乐。

与此同时，学生中心还下设大队部，负责和学生相关的诸多具体事务工作。在学生成长积分制的管理下，学校大队部、执法员、家长、学校德育等方面的工作有机地结合起来，为学生搭建了开放的成长平台。同时，学校放权给大队委、执法员，真正实现了学生的自我管理。学校手中有"权"的"学生官"在日常管理中一丝不苟，发现问题比教师还敏锐，在给学校管理带来高效的同时也培养了其自身的管理与被管理能力。

案例

大队委成长记——实践中的成长

"叮叮叮"……一阵熟悉的优美古筝曲再次响起，我抽出红色的执法帽小心翼翼地戴在头上，整理好执法牌。我已经担任大队委工作一年多了。这一年来，在老师和同学们的关怀、指导下，我取得了很大的进步，成为一名优秀的大队委。

我们学校早已成立起大队部，每天执法员和大队委都要例行检查，不管是清洁、个人卫生还是红领巾校牌等多项检查，我们都会严格执行，维持了学校的风气，有效地管理了课间秩序。在开展工作过程中，大队部每周五开一次会，具体针对校园出现的纪律问题和现象进行讨论，给予恰当的建议。在一次又一次的经验中，大队部也在不断地进步、蜕变。我们抓住学校管理的漏洞并进行完善，这才使得学校变得越来越美丽。

我隶属于环卫部，每天的工作是在中午清洁铃响时去检查公区清洁。我认为，成为一名优秀大队委的前提是模范地规范自身，只有严格要求自己的人才能严格要求别人。所以，每一天我都按时到岗，仔细、严格地检查，坚持"不迟到"、"不徇私"、"不马虎"的三原则，认真对待每一次的检查，起到了以身作则的带头作用。

一周评一次的太阳班级人人都渴望，这是对班级的肯定与赞美。当然，我在开展工作中遇到了许多困难，但我并没有放弃执法工作的开展。

在五年级下学期的一次检查中，我就与老师有了小小的摩擦。记得那一天，六年级的一个班在四楼做公区清洁。可能是因为帕子上的灰尘没有洗干净，所以他们擦四周摆设时，或多或少沾了一点灰，也没发觉。当我去检查时，发现了这一问题，白白的指头上沾上了黑色的灰，心想：这要是按规定，肯定要扣分。于是，我走过去与老师交谈："老师，你们这次的清洁做得不是很干净，只能是'钩'。"我边说边伸出手指。那位老师听后，大吃一惊："不会呀，我们很早就来了的，他们一直都在做清洁啊！要不，大队委，我们再做一遍吧！你给我们这一次打次星吧！"老师带着恳求的眼神询问我，我当时暗想：

不行，我不能心软！便果断地说："没办法，老师，我们要遵守规定的。""唉，你们的规定怎么这么不通人情啊，我们是认认真真做的，擦了好多遍的，有灰肯定是帕子上带的。"我的软弱让我犹豫起来，但一想到我们是大队委，要严遵规定时，依然还是打了一个"钩"。老师满脸严肃地回班了。虽然与老师之间发生了一些小摩擦，可是后来这个班级的公区卫生再也没出现过脏乱的现象。

我在大队部的这一年里成长了很多。在一次次的检查中，我学会了为人处世，也学会了校园管理，增强了文化素质修养，人也越加自信。巩固加强校园的管理是每一位执法员和大队委的责任，校风好坏是一个集体是否努力的体现，那么我们的当务之急是立即从校园的点点滴滴抓起，整顿好校风建设，让同学们在一个干净、优雅的学校里学习、成长。

虽然我的工作态度积极，但仍有许多不足与缺陷，我会努力改正。在其位，谋其政，做其人。我会以一颗上进的心，担当好这一份责任，在以后的实践中，获得更大的成长！

（金沙小学 6 年级 4 班大队委　唐嘉）

成长册。学校用金沙币来奖励学生的成长，用成长册来记录教师和学生成长的足迹。学校设计了记录学生成长的《太阳公民成长手册》、记录教师成长的《教师成长手册》《教师工作手册》，用过程性的资料来记载和表达师生的成长足迹，让优秀得到认可和赞扬，鼓励师生的全面发展。

太阳公民成长手册——学生的成长集中记录到学生的《太阳公民成长手册》中，分学科素养、活动评估、脚印串串等板块来记录学生成长情况。学科素养是由任课教师采用等级计分的方式进行评价，活动评估部分由学生记录参加学校活动的情况，脚印串串记录学生在学校的收获、在家庭的收获、在社区的收获。

案例

太阳公民积分表

图 5-27 《太阳公民成长手册》封面

表 5-1 太阳公民积分表

内容		积分
闪光的足迹 ☺	1. 竞赛获奖 2. 作品发表 3. 其他成果	
耕耘的收获 ☺	1. 学科收获 2. 课外活动 3. 体育锻炼	
良好的表现 ☺	1. 行为规范 2. 仪容仪表 3. 卫生习惯 4. 义工工作 5. 大型活动 6. 其他情况	
家长孩子共成长		沉痛的过失
学期小计		枚
五星少年称号		

《太阳公民成长手册》告诉孩子们，他们就是校园的主人，校园里有最爱他们的老师和同学，这里有最有趣的知识和秘密，这里有最好玩的游戏和运动……充满理想和热情的老师将是孩子们最知心的朋友，引领孩子们去感悟生活和学习的真谛。在金沙小学的校园里，孩子们可以体验到成长的乐趣。

教师成长手册——《教师成长手册》记录着教师成长的点滴，成为教师成长过程性评价的重要资料。《教师成长手册》主要内容有校长寄语、教师团队文化、特色课程申请、教师发展导师制活动情况记载、交流培训活动记载、书籍阅读情况记录、上课情况记载、科研成果记录、三查记录等，涵盖了教师专业成长的诸多内容。

随着社会的发展，人们越来越认识到教师的重要作用及其在教学过程中的不可替代性。新世纪的教师不仅是照亮别人的"蜡烛"，更是不断充电的"长明灯"。教师教书育人的过程是一个不断追求的过程，是教师不断发展和完善的过程，也是自身价值得到不断提升的过程。教师的专业持续发展是教师专业化的根本保证。在知识更新不断加快、学生情况不断变化、教育要求不断提高的今天，教师的专业发展应当从一劳永逸转变为终身学习，从静态发展转变为持续发展。

金沙小学历来重视教师的发展，学校教师中心和学生中心的工作是一脉相承的。以填写手册的方式来指导教师学习成长，这可以让教师感受到学校对教师专业发展的重视。学校将《教师成长手册》和《教师工作手册》配套使用，能让教师快速明确需要学习提升的重点内容。这可以将学校的日常工作常规化，减轻了学校行政管理的压力，收到了事半功倍的效果，受到教师的普遍欢迎。

第六章
再现奇迹

每一步飞跃，都源于思想的解放、改革创新的驱动、发展壮大的基石；每一次跨越，都寄托着金沙人的梦想。有梦想才有动力，有愿景才有未来。

学校是文化教育的所在，文化才是真正的学校根基。

任何一所学校都有自己的文化，都以文化的形式呈现在人们面前。学校文化是社会文化系统的子系统，是一所学校的存在方式，是生活在其中的学校成员特有的生活方式和思维方式，是由学校成员在教育、教学、科研、组织和生活的长期活动与发展演变过程中共同创造生成的、体现时代特征和社会进步的、对外具有个性的精神和物质的共同体。具体来说，它包括教育和管理观念、历史传统、行为规范、人际关系、风俗习惯、教育环境和学校制度以及由此而体现出来的校风和校貌，等等。

图6-1 集团发展生机勃勃

2010 年，金沙教育集团成立；2012 年，委托管理项目启动；2014 年，集团发展为三校三区。在金沙教育集团内，每一所学校在沿袭金沙文化的基础上也花开各异，花开各美，形成了各自鲜明的特色，取得了丰硕的办学成果。

1. 清波分校：致力学校文化建设

清波分校于 2010 年春加入金沙教育集团，经重新策划、校舍改建、文化打造后更名为"成都市金沙小学清波分校"。2011 年 3 月迁入现址，目前学校占地面积 10377 平方米，可容纳 31 个标准教学班，各种功能室齐全，现代化设施齐备。

结合清波分校的实际情况，我们将金沙教育集团工作和钟樱特级校长工作室的工作联系起来，既在学校文化建设上给予大力支持，更在学科建设上进行深入指导，力图起到事半功倍的作用。金沙小学与清波分校多次进行集团内的培训和教研，示范课、亮相课、同课异构活动增强了教师驾驭课堂的能力，师徒结对子、教师交流将教师队伍建设落到实处，专家讲座、名家评课授课为教师搭建了更好的成长平台。

在文化建设方面，清波分校植根金沙文化，拓展衍生出既融入了金沙文化元素又别具特色的葵园文化体系，建设了一系列特色场馆、教室，如向日葵大厅、葵园、地震体验馆、标准教室、环保体验馆……形成丰富多彩的课程文化，使每个葵娃娃像向日葵一样成为身体强健、人格健全、学力扎实、拥有艺体技能的阳光学子。太阳神鸟、太阳之子、向日葵、成长之翼……各种金沙元素为清波的孩子们打造了一个秋天童话般的美丽校园。学校以"追逐梦想，天天向上"为校训，昭示着鼓励和帮助学生拥有美好梦想，并为实现梦想脚踏实地地努力进取，关注学生的点滴进步的育人理念。

在"幸福课堂"的课程文化理念熏陶下，教师团结协作、锐意进取，活跃在丰富多彩的课堂中。孩子们在低碳室、手工室、体育馆、国际城、电视台中进行各种体验活动，在涂鸦间、水写书法厅、书法教室、中西画室进行艺术创作。在人本化、多元化、健康化、和谐化富有特色的活动文化氛围中，学校办学成效显著，多次获得青羊区教育局颁发的德育工作一等奖，安全工作优秀单位，艺体类特等奖、一等奖；作为四川省书法教育特色学校，学校扎实开展书法教学专项研究，学生的书写能力不断增长，在成都市硬笔书法比赛中成为全区获奖人数最多的学校。校园中的每一处都看得到学生幸福成长的足迹，处处洋溢着孩子们向日葵般的笑脸。

成都市金沙小学清波分校面向清波社区每一个孩子，为他们提供多样化发展的平台和空间，让他们在家门口享受优质教育，体味成长的快乐。在清波，在葵园，因为有了金沙血液的融入，教师和孩子们正共同体会"幸福清波"的滋味。学校由内到外都有了巨大的变化，因为大家在葵园幸福课堂享受着追逐梦想的快乐，你在校园看到的每一张笑脸都是梦想在幸福绽放。

图6-2　金沙小学清波分校新校区落成典礼

2. 金沙幼儿园：渗透特色办学理念

金沙幼儿园是在响应国家解决"入园难"问题的背景下，依托金沙小学"追求理想的学校"的办学初衷下成长和发展起来的。幼儿园于 2014年 9 月正式开学，是青羊区教育局 2014 年民生工程重点打造的一所精品公立幼儿园。幼儿园的目标是要营造幼儿、家长、教师心中的"快乐大家庭"，致力于创造让幼儿健康、快乐，让家长放心、满意，让教师幸福、和谐的教育环境。为了给幼儿创设一个既富有金沙文化特色又符合幼儿身心发展需要的环境，金沙幼儿园先后打造了极富艺术气息的"金沙艺术创意工作坊"以及深受幼儿喜爱的"我健康、我快乐户外游戏场所"。幼儿园为孩子们设计的专属游戏活动更是多种多样，有可供自主选择的区角游戏活动、每月的特色主题活动等。孩子们在自主、自由、极富创造力的游戏环境中成长，获得了属于自己的学习生活经验。在这里，每一天都能看到孩子们洋溢着幸福的微笑，感受到孩子们发自内心的快乐，彰显出幼儿园"健康、快乐、幸福"的文化。

在金沙教育集团"开放、探究"办学理念的指引下，金沙幼儿园全面打造开放式的教育环境，构筑学生多目的性、多功能性、高效性、生态化的学习生活空间。构建了幼儿个性展示区、科学实验区、环保种植区、艺术表演区、生活体验区、模拟小城市、情绪管理空间等多功能区，全方位满足孩子的学习、生活需要。同时，金沙幼儿园建立起一套符合现代教育理念、国际化与本土化相统一的课程体系，以"课程生活化，生活课程化"为核心，努力构建贴近幼儿生活的"幸福课堂"。金沙幼儿园还创设了丰富多彩的活动，入学小手印仪式、快乐奥运节、国际体验日、真我SHOW、金沙艺术节等，丰富多彩的活动为每一个孩子提供了展示的机会，让孩子们在金沙这片沃土上幸福快乐地成长。

在园本课程开发的基础上，金沙幼儿园不断建设丰富适宜的课程，创设自由开放的环境，真正做到让孩子在"玩中学，学中玩"。同时，幼儿园注重结合社会热点和节日，开展特色教育活动。在母亲节的特色活动中，孩子们用灵巧的双手和丰富多彩的材料为妈妈制作了充满爱意的礼物，在活动中体会爱、表达爱，懂得感恩。在"六一"儿童节的活动中，幼儿园整合资源，创新思维，创设了"快乐过'六一'大型游园活动"，引导全园的孩子自主自由地选择各种游戏活动，让所有的孩子感受到了自由、快乐。幼儿园各班以社会主义核心价值观的 24 个字为主题，开展了丰富多彩的系列教育活动，向孩子们传递德育的正能量。幼儿园用生动的语言让孩子们感受了浓浓的爱国之情，对社会主义核心价值观有了一个初步的认识和理解，让中华传统美德在孩子们的心中生根、发芽。

与此同时，金沙幼儿园天邑分园也在逐步完善中，不但满足了周边社区对优秀教育资源的需求，也让充满着金沙文化和元素的幼儿园日益壮大。

3. 蒲江县金钥匙学校：两种文化激烈碰撞

"跨区域"委托。为进一步深化成都市圈层融合，推动义务教育均衡发展，实现从"学有所教"向"学有良教"的跨越，2012 年 9 月，成都市教育局委托金沙小学对蒲江县金钥匙学校进行为期 3 年的委托管理。此举系西南地区乃至全国范围内首次尝试的"跨区域"委托管理。

金钥匙学校是蒲江县教育局主管下的公立农村小学，校址位于蒲江县西来镇敦厚社区。学校占地面积 13100 平方米，建筑面积 4850 平方米，生均校舍建筑面积 35 平方米。2008 年，原校舍于地震中损毁，2009 年由中国海关捐建标准化教学楼，更名为金钥匙学校，变九年制学校为六年制小学。学校建有标准化塑胶操场，实现了多媒体设备及网络的班班通，从硬件条件来看相对完善。

问题浮现。作为实践教育均衡的办学新模式，托管项目得到了上级部门的高度重视和鼎力支持，领导关怀、经费保障，为托管工作的顺利推进奠定了坚实的基础。然而我们也发现，金钥匙学校作为一所典型的农村薄弱小学，地处偏远，距离县城约有 20 公里路程，而学校划片范围内生源多为留守儿童及贫困家庭儿童，家长文化水平普遍不高。当时，全校教职工共有 19 人，教师学历结构为：本科学历 37.5%、大专学历 50%、中师及初中文凭 12.5%。学校教师整体专业素质较低，在岗教师年龄偏大。在学科结构性方面，语文、数学教师与科任教师配备极不平衡，科任教师严重缺失，学校结构性缺编情况非常突出。

托管初期，我们经过调查发现，学校在师资力量、教学投资、教学内容、教学结构、学生情况等方面都存在问题。

首先，教育经费短缺，教师待遇差。城乡教育投入的差距直接导致教育资源的分配不公平，必然带来城乡教育机会和教育质量的不均衡。由于学校学生人数较少，全校生均经费十分有限。投入少、经费短缺是金钥匙学校教育发展中面临的首要问题。

其次，生源流失严重，管理粗放，办学效果差。学校管理者对学校发展缺乏责任心和目标意识。行政团队缺乏以身作则态度和服务意识。学校规章制度极为松散，无法体现奖惩，未与绩效挂钩，致使教师考核不透明、不公平。学校年度办学考评，常年处于全县下游，教师成长缓慢，学生综合素养低。

再次，家庭教育与学校教育脱节，未形成教育合力，学生素质堪忧。进城务工人群加大，留守儿童大量产生，同样困扰着这所农村小学。据调查，金钥匙学校的留守儿童有 37 人，占全校学生的 33%。在亲情长期缺失的状态下，部分留守儿童已经产生了一系列学习、心理、道德等方面的问题。

最后，教师观念陈旧，生本意识弱，课堂教学效率不高。学校部分教师对推进新课程改革认识不够，投入力度不大，对新课程理论和方法了解甚少，对新课程标准掌握不全面，新的教学观、教师观、学生观没有真正树立起来。由于缺乏专职教师，且课前准备不足，教师对教材拓展不够、补充不足、挖掘不深，师生互动少，有效训练的时间和内容不足，没能激发学生学习兴趣，教学效果较差。

文化冲突。委托管理过程中涉及两所不同学校，所处的社会环境不同（支援方为市区的优质品牌学校，而受援方则为郊县偏远的农村学校），因此所形成的学校文化特色、生源水平及所追求的办学理念也有所不同。农村薄弱学校长期处于粗放管理，育人目标单一，与城区优质学校的精细化管理与全面育人的教育观差异巨大。这些都导致了两所学校在管理文化、制度文化、团队文化、精神文化、课程文化、教学文化等方面存在很大的差异。因而，在支援方管理团队强势进入受援方学校进行管理过程中难免会产生或多或少的冲突。首先，受援方面临情感的抵触和警惕，为学校未来和个人发展担忧；其次，受援方面临着由单一文化向多元文化发展的转变，原有的文化模式将受到新文化模式的冲击。这些冲突会影响支援方对学校各项援助措施实施的全面性和彻底性以及受援方援助措施接受的有效性，使学校发展受到阻碍，最终影响学生的全面发展。

在委托管理的实践与探索中我们深切地体会到，改变一所承载了许多历史因素、背负了很多历史包袱的薄弱学校的面貌，是一项长期而艰巨的任务，绝非一蹴而就。这个过程需要委托管理的各个方面付出时间、耐心和智慧。我们也深知，发展总伴随着阵痛，机遇往往与困难并存。在托管过程中，我们必须要跨越"师资队伍的稳定提升，教育教学质量的稳中求进，城镇化进程中生源的分流减少，托管行政团队与本土行政梯队的无缝衔接，学校教育理念的延续发展、深度融合"等一个个难关，我们只有不断探索实践、调整步伐、摸清方向，才能使学校发展进入更新代谢的良性循环，使学校真正具备自我成长的机能，拥有主动发展与持续发展的生命力。

项目推进。委托管理项目启动以来，金钥匙学校确定了"追逐梦想，幸福成长"的办学理念及以此为内核的"成长共同体"特色发展项目，致力于打造一所国际化生态田园学校，期待每一位金钥匙师生都能"开启幸福之门"。金沙教育集团秉承"不为名利、只求奉献"的精神在人才补充、队伍提升、文化打造、制度建设、课程构建等方面予以全面支持和帮扶。

为了缩短提升学校"底部"、增强"造血"功能，让学校步入可持续发展轨道的周期，我们把工作重心放在"观念、文化、课程、队伍"四大办学核心要素上，着力更新育人观念、重构课程体系、重塑学校文化、加强队伍建设，催生金钥匙学校的蝶变。在实践中，我们提出了"情感融入—观念融合—整体提升"治学三部曲，力图勾画出金钥匙学校师生"自愿成长—自觉成长—自主成长"的三级发展脉络，并通过暖阳关爱、质量提升、共同成长、文化建构四大工程以及愿景构建、学校文化融合、师资队伍打造、课程评价改革等多项举措，推进托管的深化，保障托管的成效。

一是全面评估、准确定位、理念先行、愿景引领。我们从启动托管之初，就积极深入学校，通过访谈、查阅资料、问卷调查等方式对学校的常规管理、教师队伍、课程活动等方面的现状做了专题调研，力争全面了解学校的办学情况，及时准确地掌握第一手资料。我们群策群力，不仅发动广大教职工共同思考学校未来的发展方向，更结合了金沙团队的力量共同探讨学校的发展规划，制定了切实可行的《委托管理实施方案》及《学校三年发展规划》。根据学校的实际和对教育的理解，我们将学校的办学理念定位为"追逐梦想，幸福成长"，努力打造一所国际化田园生态学校，构建一种开放、幸福、田园的教育模式和教育氛围，力争使金钥匙成为一所学校有品牌、校长有思想、教师有主张、教学有特点、课程有特色、学生有特长、科研有成果的学校。学校确立了以师资队伍建设为抓手，以科学规范的学校管理为保障，以"文化立校、科研兴校、质量强校、特色扬校"为脉络，促进学校内涵发展，提升学校办学水平的目标。与此同时，学校还指导每位教师制订个人专业发展规划，构建自我评价机制，激活教师的原动力，实现个人发展，感受到成功带来的快乐。目前，金钥匙学校已形成适合师生成长的核心办学策略，师生内心的渴望与学校的发展需求有机地结合在一起，学校的文化价值和发展愿景为全校师生所认同。

二是真情奉献、赢取信任、重构文化、共同成长。金沙教育集团倾团队之力量，从学校发展规划、文化建设、师资队伍打造、校本课程构建等领域开展全面帮扶，上至学校发展的顶层设计、下至每周工作的具体实施，向金钥匙学校输入大量的人力、智力支持。委托管理给金钥匙学校的发展提供了充足的优质教育资源，给教师的学习、交流和培训提供了平台和机会，开拓了教师的教育视野，对提高教师的专业素养起到了极大的推进作用。两校还开启了"一对一共同成长计划"：建立教师成长共同体，努力实现从输血到造血，自主成长；建立学生成长共同体，注重交互体验，引领多元成长；建立了家长成长共同体，实施民主管理，携手成长。"共同成长计划"引入共同管理精神，构建学习型团队，将学校建成学生、教师、家长三位一体的学习型社区。在"成长共同体"特色项目引领下，两校资源共享、优势互补，通过互帮互学实现共同成长，共同发展，以共同管理代替传统的等级管理，营造人文、民主、开放、和谐的管理氛围，提升了学校内涵和社会声誉。

在环境文化改造方面，金沙教育集团充分发挥优质资源的辐射作用，融入金沙元素重新打造了校园文化环境，提升金钥匙学校的硬件设施水平，创设和开发了更为优质的发展空间。学校建设了以"幸福林"、"梦想舞台"、"开放式学习体验区"、"个性化展示空间"为核心的田园生态校园环境，从环境文化入手构建了充满生机活力、灵动温馨的学校文化，让金钥匙学校成为一座美丽的园林，成为一所充满梦想与希望的学校，成为孩子们最喜爱的地方。

三是建章立制、人文管理、激发潜能、搭建平台。建立一套有效的学校管理制度，是实现学校管理高效化的重要保证，也是办好学校的有力手段。金钥匙学校坚持以人为本的管理模式，运用柔性化管理和以激励为主的评价方式，让校园氛围充满正能量。学校坚持民主开放的管理原则，坚持实行校务公开，开展民主监督。学校还进一步完善了教代会制度，用好每次教师例会，组建教师民主管理委员会，使教师的主人翁地位得以彰显，将教师深度卷入各项制度的制定、评价与反馈过程中。这充分调动起教师的主观能动性，将学校的发展改革变成教职工的共同愿景。与此同时，学校还大量起用优秀青年教师担任学校后备干部充实行政梯队，使学校管理焕发生机；构建了校园危机干预体系，针对潜在危机事件制定了详细预案，保证托管工作的正常运行。

"一枝一叶总关情。"学校发展的动力主要来源于师生的积极性和创造性，而人文管理则是金钥匙学校调动教师工作积极性与能动性的最有效手段。学校开展了系列暖阳工程：在西来镇政府和蒲江县教育局的关心下将陈旧的教师宿舍改造修缮一新，修建了淋浴房、母婴室、教师午休室；为教师提供爱心营养早餐，设立了生日假、子女升学假，提升教师生活质量。在教师最重视的绩效考核部分，学校不断完善绩效机制，通过全面量化、定岗定薪，按劳取酬，优劳优酬，激活内部分配制度。学校以课时化为主线，以业绩为中心，合理拉开收入差距，建立吸引人才、稳定人才、激励人才创造价值的分配机制，激发教师的内驱力，鼓励教师专业发展，鼓励业务拔尖，切实创造有利于优秀教师脱颖而出的良好工作环境。

为了让每一个孩子都享受到适合的、优质的教育，学校开展了系列关爱工程：送给每个孩子一根跳绳、一本字帖、一把口琴，帮助孩子们写得一手好字、掌握更多体育技能和艺术技能；为贫困学生联系资助，募集过冬衣裳；当得知有孩子生病，家长却因为经济困难舍不得送医院时，义务把孩子送到医院检查治疗；给天不亮便出门上学的孩子在书包上贴好反光带，保障路途安全；为打扫卫生的孩子准备劳保手套，增添一份温暖；放学后，为留守儿童留一张书桌，帮他们补习功课……随着托管项目的推进，金钥匙学校渐渐成为师生共同学习、共同管理、尊重差异、勇于创新的理想家园。学生家长对托管项目有了更多的理解和支持，对学生托管以来学校的满意度越来越高（见表6-1）。

表6-1　家长满意度问卷调查情况

时间	显著提高	有所提高	没有提高	整体下降	无法判断
2012 年 9 月	70%	2.5%	3.5%	10%	14%
2014 年 6 月	95%	5%	0%	0%	0%
2015 年 4 月	98%	2%	0%	0%	0%

　　四是聚焦课程、提升质量、转变观念、自主更新。托管中，我们把更新育人观念、重构课程模式、重塑学校文化、提升办学质量作为主要目标，不断摸索和总结适合金钥匙实际需要的教师培训体系和质量检测体系，努力提高教学质量。

　　第一，深化课程改革，推进教学的常态机制。学校优化了作息时间，保证学生每天阳光体锻一小时；开发校本课程，充分挖掘金沙教育集团、中国海关的课程资源推进农耕课程，开设了涵盖体育、艺术、语言、益智、生活技能 5 大类近 20 门科目的"梦想教室免费选修课"；组建学生社团，构建"适合每一个孩子"的新型课程模式。

　　第二，实施质量监测，促进教育质量提升。两校通过大力开展教师专

图6-3　金钥匙学校参加县内学校年度考核积分名次

业能力的培养建立起一套完备的质量检测体系，形成了相对统一的"度量衡"，即培养目标统一、教学要求统一、学科标准统一、课程设置统一、训练体系统一、测评手段统一，打通了课程、资源、活动、专家、社会力量全面共享的通道。同时，两校又根据自己的实际情况和所在地资源实施特色项目和特色考评反馈。

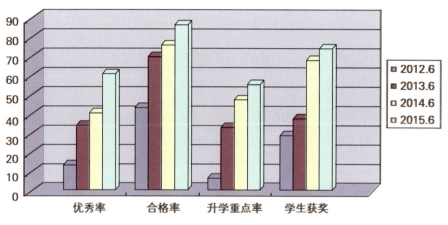

图 6-4　金钥匙学校三年教学成果对比图

　　第三，科研兴校，课题培师。学校以教研组和年级组活动为核心，以课堂教学改革为重点，加强了教育科研工作，引导教师积极投身到课题研究当中。在推进科研兴校的过程中，学校通过完善科研奖励条款以及采取"鼓励冒尖，重点扶持"等激励手段，逐步形成了科研竞争机制。对已经获准立项的课题，学校发给一定的课题研究经费，并提供技术支持；对于承担课题研究任务的教师，实行计算教学工作量的措施，在绩效考核中加分，为教师营造了良好的发展环境，激励了更多的教师投身于科研的行列。教师也在课题研究中掌握了更多的教育新理念、新方法，并积极将其运用于教学中。学校已逐步形成了科研室带头、教研组跟进的雁阵之势，通过科研引领、课题落实来推进学校的各项工作。从表中，我们可以看出托管以来金钥匙学校教师队伍整体素质的提升。

表6-2　教职工对自身专业素养提升及职业满意度的问卷调查表

时间	提升很明显 很满意	提升比较明显 比较满意	提升不明显 不满意
2012年9月	50%	30%	20%
2014年6月	85%	15%	0%
2015年5月	90%	10%	0%

表6-3　金钥匙学校托管前后师资情况对比表

时间	本校教师情况
2012学年度	教师21人，名优教师1人，占4.8%
2013学年度	教师15人，名优教师2人，占13.3%
2014学年度	教师17人，名优教师5人，占29.4%
2015学年度	教师19人，学历达标100%，名优教师7人，占36.8%

通过钟樱特级校长工作室的设立、金沙小学定期帮扶支教、集体教研、社区小组学习、幸福课堂、生活化课程等教育教学改革，三年的托管促进了金钥匙学校全体师生的共同发展，使其逐渐具备自我发展和持久发展的能力。以开放、均衡为前提，以自主更新、自主创新、后续发展为本质特征的委托管理工作已圆满收官。金钥匙学校已有了准确的定位，全面更新了各项规章制度，构建起内涵发展的新环境，全新的办学形象已然成形。委托管理带来的蝶变已显成效，金钥匙学校华丽蜕变，从一所农村薄弱学校成长为一所区域内老百姓认可的优质学校。委托管理的经验与实践，也成为推动教育均衡发展的新亮点。

新一轮的五年规划已见雏形，金沙小学将充分调动内外资源，促进发展规划的落实，加强对五年发展规划的学习、宣传，促进全体教职工理解学校发展目标，明确个体与集体的成长方向，朝着规划引领的路径实践、发展、提升。

　　展望未来，学校会继续探求学校管理整体创生方略，探索现代公办学校高效运行机制。同时，学校将注重文化兴校，继续弘扬"汲取、融合、创新"的文化理念，整合物质文化、制度文化、精神文化，汲取传统文化的精髓，弘扬人文精神；融合现代文明，拓展国际视野；以地域化为特色，以国际化为引领，在创新中求发展。学校也将在充分激活人力、物力、财力、技术资源的同时，注重开放性办学，把握时代发展需求，加强对内对外的协调，促进学校教育资源持续不断地优化，形成"人才共育、资源共生、特色共建"的发展氛围。

　　追梦十年，每步飞跃，都源于思想的解放、改革创新的驱动、发展壮大的团队；每次跨越，都寄托着金沙人的梦想。有梦想才有动力，有愿景才有未来。我们已开创了属于金沙的奇迹，未来还有更多的奇迹等待我们拼搏实现。梦在心上，梦在前方。金沙人的逐梦之路远不止十年，追逐梦想的精神也将历久弥坚、永无休止！

第七章
且行且思

　　"这所学校建设得真漂亮！真有文化气息！"人们在参观一所学校时常发出这样的赞美。有漂亮外形的学校就是有文化的学校吗？非也。人们常常把学校文化与校园文化等同，狭义理解学校文化，把文化简单地理解为漂亮的建筑、优美的校园环境、豪华的装修。于是，很多学校想尽办法把文化这件外衣做靓，因此学校大门敞亮了，装饰奢华了，雕塑、绿化丰富了，但文化却越来越匮乏了……

我们正身处一个伟大的时代。这个时代之所以伟大，是因为教育界从来没有像今天这样活跃，这样多元，这样有分歧，这样纷繁芜杂。随着社会的不断变革与教育改革的不断深入，人们越来越重视学校文化，学校文化建设已然成为基础教育改革的主题词。但当我们走进学校文化建设的领域时，会发现众说纷纭的理论、针锋相对的观点、各领风骚的流派，是如此"乱花渐欲迷人眼"。对金沙这样一所新学校而言，如何在混乱中厘清方向，在浮躁中沉静内心，在争论中坚定信念，在问题中找寻意义，让梦想照亮现实，是我们一路且行且思的关键点。

1. 走出误区，增进共识

当今社会正发生着日新月异的变化，人类的迁徙聚散影响着教育的规划和布局。随着人口的流动，为了满足教育的需要，大量的新建学校如雨后春笋般成长起来。在高度重视教育的今天，人们希望新建的每一所学校都是有文化的学校，成都市青羊区教育局也提出了"一校一景、一校一品"的学校发展目标。但什么样的学校是有文化的学校，什么是学校发展的驱动力，如何去推进学校文化建设……这些问题是每一所学校都要思考的问题。

在"什么样的学校是有文化的学校"这一问题的理解上，我们很容易走进误区，迷失方向。

误区一：文化是漂亮的外衣。"这所学校建设得真漂亮！真有文化气息！"人们在参观一所学校时常发出这样的赞美。有漂亮外形的学校就是有文化的学校吗？非然也。人们常常把学校文化与校园文化等同，狭义理解学校文化，把文化简单地理解为漂亮的建筑、优美的校园环境、豪华的装修。于是，很多学校想尽办法把文化这件外衣做靓，因此学校大门敞亮

图7-1　4年级1班学生：谭雅兰　指导教师：曾凌悦

了，装饰奢华了，雕塑、绿化丰富了，但文化却越来越匮乏了。出现了有教室但无教室文化、有图书馆但无图书文化、有运动场但无运动文化、有教师但无教师文化、有制度但无制度文化、有管理但无管理文化等现象。

图7-2　6年级2班学生：沈笑羽　指导教师：曾凌悦

误区二：**文化是奇特的海市蜃楼**。学校是文化的传承地、传播地、开拓地，学校就是文化的代名词。于是，人们尽可能地把学校自身文化核心即办学理念弄得高深，令人费解，认为学校文化核心涵盖越多越好，词语越新奇越好，却脱离了学生成长需求实际，脱离了教师工作需求实际，脱离了学校发展需求实际，使学校文化建设游离在时代、地域、学校自身以及孩子需求之外，形成一套形而上学的东西。于是，高大上的校训、校规形成了，而学校文化变成了虚无缥缈的海市蜃楼。

图7-3　4年级3班学生：赖兴妍　指导教师：曾凌悦

误区三：**文化是漫天的星星**。在如此多元的现代社会，文化犹如漫天的星星，随手采撷都将光芒万丈。我们在建设学校文化时常常将众多文化闪光点汇集进学校办学理念中，以为这就是学校文化。于是，教室是一种文化，操场又是另一种文化；学生呈现的是一种文化，教师呈现的又是另一种文化；校园呈现的是一种文化，课程呈现的又是另一种文化。每个局部看似有文化，实则是零散的，缺乏内在的联系，构不成体系，形不成教育合力。

误区四：**文化是悠久的历史**。历史本身就是一种文化，百年老校有着百年的传承，就有了百年文化的积淀，但是我们所看到百年老校不一定是百年名校。人们潜意识里认为学校历史越悠久其文化内涵就越丰富，犹如

图 7-4　4 年级 4 班学生：谢颢宁　指导教师：曾凌悦

一件精致的古董，历史越是久远就越弥足珍贵，于是，历史的长短就成为判定学校文化的标尺。那么，新建学校的文化是否只能在等待中形成？

一言以蔽之，以上四种认识其实是错误地认为：学校文化是外在的，学校文化是虚无的，学校文化是零散的，学校文化只是历史积淀而成的。作为一所新建学校，我们只有走出这四个误区，才能更好地建设学校文化。

2. 寻找文化驱动力

如果把学校比作一列前进的列车，那么带动着列车高速前进的引擎在哪儿呢？也许不同的学校有着不同的引擎，但经过梳理发现，其实推动学校发展的动力有三。

一是行政驱动。很多学校的发展完全是应上级教育主管部门的要求和指导进行的。上级部门有什么要求，学校就有什么应对。学校到底发展到何方？发展成什么样？支撑学校发展的核心是什么？学校自身缺乏深度的思考和规划，以至于自主特色非常少。这种状况下的学校文化"年年岁岁花相似"，仅仅只是"岁岁年年人不同"而已。虽然行政领导不同了，但做的事仍然是大同小异的。

二是利益驱动。一些学校进行文化建设就是为了装点门面，供人参观访问之用，供宣传报道之用，为考核加分之用。于是，学校外显的文化多，表面文章多，但真正深入人心、发挥内在功能的文化却很少。

三是文化驱动。改变一个学生要改变他的人生目标，改变一个教师要改变他的价值追求，改变一个学校要改变学校的文化精神。学校文化不仅是发展的结果，更是发展的动力。学校文化建设是学校快速发展的引擎，文化驱动学校发展，会使学校产生无穷的魅力。

魅力1：文化汇聚力量。学校文化是学校发展的核心和灵魂。学校文化决定了学校的价值取向。有了积极的价值取向，学校就能展示出积极、健康、向上的精神风貌。一所真正有文化的学校，其所有的工作都能在文化中找到工作依据，其所有建筑都能在文化中找到意义，其所有制度都能在文化中找到制定依据，其所有员工都能在文化中找到幸福的含义。有了文化，学校发展更有动力；有了文化，教师工作更有意义；有了文化，学生学习更有活力。

图7-5　2年级3班学生：严晗　指导教师：刘颖

魅力2：文化指引方向。学校文化在学校发展中具有导向力。学校文化回答了办什么样的学校、培养什么样的人、成为什么样的教师。它就是航标，它就是路灯，它就是旗帜，它带领着学校从历史走来，向未来奔去。学校在发展过程中是不可背离学校文化的，也只有在发展中始终坚持学校文化的核心价值观不变，才能形成自身独特的文化。

图7-6 2年级3班学生：罗婉玲 指导教师：刘颖

魅力3：文化凝聚人心。学校文化不是所有成员价值的简单相加，而一定是一种团队文化。学校在发展中形成和逐步完善的观念体系、制度安排、行为方式、语言符号、风俗习惯以及环境建设都紧紧围绕学校文化展开。如此一来，所有的师生就不会因标准和依据的不一而产生分歧，而会因共同的文化追求而并肩前行。因此，学校文化在学校发展中具有凝聚人心的力量。

我们还将目光聚焦在了"新学校文化建设与成长要处理好文化构建与文化认同的关系"这一点上。通过对新学校的所思所想、所作所为去努力培育共识，实现学校文化对学校发展的引领与促进。通过对学校文化各种观点的解读，我们发现，学校文化是在学校的各项活动中共同培育和营造的具有趋同性心理特征和价值取向的学校精神文化、制度文化、行为文化、物质文化的总和。学校价值观是学校文化的核心。一所学校选择什么、崇尚什么、

图 7-7   3 年级 3 班学生：张奕娜   指导教师：刘颖

追求什么，外显为校风，内隐为学校的价值观念。但学校文化并不仅仅侧重于精神文化，还涵盖了制度文化、行为文化等领域。另外，学校文化的重要特征是得到全体成员（领导、教师、学生和家长）的认可。

3. 积极培育共同愿景

现有的研究成果认为，学校的管理分为经验管理、科学管理、文化管理三个阶段。"文化管理"即以培养人、塑造人、发展人为核心，充分发掘，创造独树一帜的学校文化，将个人的发展与团体的发展并联接通，形成共同愿景，通过建设科学的激励机制和保障机制来激发师生内驱力，形成卓越的团队力量，最终实现个人愿景与集体愿景。从某种意义上说，一所新学校建设与发展学校文化的过程，其实就是在追求一种学校全体员工共同的价值观，是一种积极促进与发展全体员工共同精神追求的文化管理模式，是为每个人的发展奠定素质的基础，为学校的可持续发展奠定文化的基因。那么，如何在文化建设与文化管理中塑造共同的组织观、构建共同的价值观呢？金沙小学有了以下一些思考与实践。

实践一：让每一滴水都融入大海——新教师培训的文化引领：规范化、流程化、特色化。 单独的一滴水既经不起阳光的曝晒，又无法抵挡狂风的侵袭，唯有融入广阔的海洋，才能永不干涸。让每一名教师像水滴般融入学校这个大海般的团队怀抱，这既是教师归属感和爱的需要，更是他们在工作中将个人与团队的价值追求紧密结合在一起的桥梁。

对于进入金沙小学的每一位教师，无论是新教师还是骨干教师，学校都会对其进行一系列的培训，以帮助教师尽快融入团队，熟悉金沙小学教育教学的特质，了解学校的昨天、今天与明天。学校重视教师文化的构建，更重视一以贯之地用文化培育文化人。当我们站在学校文化建设的高度，站在增强学校核心发展力的高度，站在以人为本、让每个金沙人都充满了使命感和荣誉感的高度，来理解教师的专业化发展，来重视教师的文化融合时，我们自然而然地将新教师的培训与成长作为学校组织文化建设的一项重要战略，精心选择并安排教师培训的内容与项目，同时将师培有机地整合在了学校的整体工作中。

案例

2014 年金沙小学新教师培训计划（简案）

一、培训目的

通过培训，新教师进一步巩固专业思想，热爱教育事业，熟悉金沙的教育教学环境和教学常规，尽快适应岗位需要，胜任教育教学工作，了解金沙小学的文化指向，树立正确的教育观念及个人发展目标。

二、培训对象

全体新教师。

三、培训内容和要求

建立新教师培训档案：要求新老师根据学校校本培训的计划，撰写教学心得、开课教案、教学反思，并针对校本培训中的各种专题讲座，记好听课笔记，撰写听后感。结成师徒对子，接受导师指导。为使新教师尽快适应教学，导师工作室将对其进行实践上的指导，同时结对师徒需进行互相的听评课，新教师课堂要接受导师工作室和教研组长的随堂听课。课后，要求新教师主动进行说课，认真听取听课教师的意见和建议。

四、培训时间和培训形式

表7-1　金沙小学新教师培训时间及培训形式

时间	内容	培训方式	主讲
8月20日	1. 学习培训要求	动员会	人事分管行政
	2. 参观学校，感受校园文化	参观、解说	辅导员
8月21日	1. 金沙学校文化建设的探索与实践	讲座	校长
	2. 教师团队文化及教育教学规范培训	讲座	教学分管行政
8月22日	1. 学生中心、家长中心文化主题培训	讲座	德育分管行政
	2. 学校制度文化专题学习	讲座	校务中心主任
8月23日	1. 班主任工作心得交流	座谈	班主任导师
	2. 一年级教师专项培训	座谈	年级组长
8月24日	集中培训情况考核	问卷答题	
9月	师徒结对，导师工作室"一对一"指导	听评课	导师
10月	新教师亮相课	听评课	导师、家长督学
11月	制订三年发展规划	填写手册	教师中心指导
12月	形成个人培训档案	撰写心得	教师中心指导

案例

金沙小学新教师培训考核试卷

一、填空题

1. 每月学生伙食费为_____元，应于_____之前交总务处。

2. 教室或功能室多媒体需维护应及时填写，并交_____，每天下班前应关闭_____等设备。

3. 学校网站每学期每位老师至少应完成_____篇文章的上传。

4. 低碳环保教育一直是金沙小学非常重视的部分，因此除了学校设置的大型垃圾回收点，各教室还应配备_____个垃圾桶，分别为_____。

5. 为了学生安全，学校规定学生应于早上_____之后到校，有特殊情况的须由家长写申请，办理_____，原则上每班不超过_____名。

6. 一年级或新任班主任家访的要求是应在_____期间内家访全体学生。

7. 金沙小学教师的使命是保护孩子的_____。

8. 金沙小学创新的管理体系构建是在民管会和党支部的指导下设立了_____四大中心。

9. 学校每学期均会对班级进行相应的考核评比，主要评选出_____这两项集体荣誉。

10. 学校人文化管理为老师们设立了不影响全勤考评的临假制度，规定每次不超过_____小时，每学期不超过_____次，请临假应该在_____处做好登记手续。

11. 金沙小学对学生综合素质评价制度进行了创新和丰富，我们将之统称为_____制度。

12. 在日常教学中为了及时激励学生的正向行为，金沙小学推行了_____奖励制度。

13. 金沙小学的校训是追逐梦想、从心绽放，学校的办学策略是_____。

14. 一般情况下，班级家委会由_____人组成，家委会成员采取轮流方式担任，一般任期为_____年。

二、简答题

1. 教师教育教学中的忌讳你认为有哪些？

2. 作为教师如何理解"我的心是孩子的"这一句话？

三、论述分析题

请你谈谈对"班级均衡教育"的理解，并举例说明可实施的具体做法、操作途径。

四、案例设计题（二选一，请另附纸）

1. 每学年学校各年级会轮流开展教学开放课活动及班队亲子开放活动，请设计一个有特色的主题班级亲子活动方案。

2. 在家校沟通中，如何争取家长的配合？情况说明：小王在班级工作中发现个别学生家长"护犊子"，不能坦然面对学生的错误，请您帮她想想办法，告诉她如何才能争取到这类家长的配合。

当今时代，学校文化力求建设一种合作性的文化氛围。在合作性的理念下，评价一所学校文化是否有生命力与影响力主要参照以下三点：一是专业合作，学校是否召开教师和全体职工会议，共同商讨和解决专业问题；二是权力分享，教师是否喜欢一起工作，彼此支持，并且具有价值感和归属感；三是效能感，学校成员是否因为喜欢这个地方而留在这里工作，是否把努力提高工作技能作为职业内容来对待。

"学校文化是一所学校综合实力的反映，优秀的学校文化能赋予教师独立的人格、独立的精神，激励教师不断反思、不断超越。"学校文化需要"反思与前进的并行、传承与创新的共存、激情与实干的并进、理想与现实的统一"。金沙的学校文化建设就是要构建一个让教师能实现生命价值的平台，让教师能在价值追求中既仰望星空又脚踏实地，让教师能感受到细致入微的引领与清晰明确的方向。

几年来，学校将文化浸润的焦点放在了价值与目标共享、专业协作、权利分享和效能感等几个方面，致力于优秀教师团队的培养，鼓励教师做感受幸福的教师、滋长智慧的教师、不断发展自己的教师。上文所列举的培训案例只是金沙教师文化构建及认同的其中一种途径。学校还大力倡导每位教师制定个人三年发展规划，设立"教师职级制"四级发展阶梯，制定了学科骨干教师的成长规划，实施了名师培养工程。同时，学校开展"教师茶友会"、"教师论坛"等活动，精心打造人文校园，使校园成为实现教师生命价值的绿洲，让学校文化成为融入教师血脉的具有广泛认同的精神文化。

实践二：心手相牵，梦想相连——架设家校共育的文化桥梁。创办金沙小学意味着开始了一段新的教育历程。一所新学校如何迅速实现办学质量的验证、社会影响与感染力的提升？如何让家长在短时间内认可学校？这都是我们亟待解决的难题。幸运的是，我们找到了准确的切入点。我们认为，只有文化融合、开放办学，创建真正意义上的没有围墙的学校，积极地同家庭、社区展开密切的合作，形成学校、家庭、社区间的良性互动，创建和谐的教育关系，才能让学生在积极向上的文化环境中不断成长，也才能从根本上凸显学校的特色，打造优质品牌。

苏霍姆林斯基说过："生活向学校提出的任务变得如此复杂，以致如果没有整个社会，首先是家庭的教育素养，那么不管教育付出多大的努力，都收不到完满的效果。"在教育中，我们有学校、家庭和社会三个支点，三者必须连成一线，达成共识，有共同的目标、共同的发展方向、共同的人生构想。只有这样，我们的教育才不会走弯路。学校教育需要社会成员的支持，尤其是家长和社区的支持，只有在感情上缩短家长与学校之间的距离，让他们了解学校的教育主张和要求，信任学校的工作，密切联系、配合，共同承担起教育学生的责任，才能达到教育的良好效果。

为形成家校协作、家校共育的理想教育氛围，我们进行了系列活动的探索与实践，力求实现学校文化之"三共"：文化共识——家庭教育与学校教育齐头并进，目标统一；文化共享——收获孩子的成长，享受教育的成功；文化共进——家长在互动中成长，学校在互动中发展。

我们努力构建学校、家庭与社区"三位一体"的教育体系，不断扩大家长和社区的知情权、参与权和选择权，努力将家庭和社区纳入学校管理的框架之中，逐步建立学校、家庭和社区的有效互动机制。家长中心四大营的固定活动、家长学校、家长开放日、校级民管会和校级家委会、亲子活动、《家校成长记录册》、家长义工、教育同盟会等都是行之有效的家校共育实施途径，为学校文化的共识、共享、共进搭建起了互动桥梁。在信息时代背景下，我们还通过 QQ 群、家校联动博客、微信朋友圈等现代化手段开展活动，这既是学校教育重要的创新之举，能为家校互动开辟更广阔的空间，又为学校文化的传播拓宽了渠道、增强了实效。"制度保障、教学相长、活动护航、考查评优"，用好这四项家校法宝，就能有效利用家校合力，实现家校共育的和谐教育。

实践证明，家校共育事半功倍，家校共育彰显特色，家校共育助推发展。经过在金沙小学近 10 年的探索，我们也欣喜地收获了累累硕果。四川省示范家长学校、成都市示范家长学校、成都市"新成长型学校"、社区资源共建示范校等荣誉称号，便是学校家校工作"共识、共育、共赢"可喜局面的最好证明。金沙小学家长中心架设起了家校共育的文化桥梁，如一道联系彼此的美丽彩虹，使得家长和教师在沟通中寻找到更好的教育契机，让孩子们得到家庭、学校、社会的三重关注。这样的教育才能涌动生命的力量，绽放出智慧的花朵。文化的涓涓溪流润泽着家长和孩子们的心灵，文化的桥梁让家校之间手相牵、梦相连。

把学校建设成品质卓然、绽放个性的文化名校，是每一所学校的努力方向。通过金沙家长中心建立起的家校联系，不仅能够增加学生、家长对于学校文化的了解，更成为促进学校文化辐射及工作成效展现的重要手段。这样一座以沟通为基础、以责任为主题、以共育为纽带的文化桥梁，让我们更好地实现了用情感凝聚人、关爱人，用文化发展人、引领人，使学校师生与家长风雨同舟，极大地融洽了学校与家庭、社会的关系。

因为有同样的爱、同样的梦想，我们坚持不懈地努力着。我们相信，有爱的地方就有家，有梦的地方就能够飞翔。我们愿每一个孩子都能在家校共育的呵护下如同葵花一样面朝阳光、幸福成长。未来我们会分析学校具体实际，群策群力，加大工作力度，积极探讨家庭教育理论，提高家庭教育质量，不断改进和完善家校工作，聚家庭、社会的合力，为孩子们的健康成长奠基导航。

4. 洞悉内涵，引领发展

学校文化是社会文化的一个子系统，是以学校价值观念为核心的学校生活的观念体系、制度安排、行为方式、语言符号、风俗习惯（包括学校仪式）以及环境建设的有机体。

学校文化涵盖多方面内容，核心是价值观念，学校所有的文化建设都围绕它而展开。处于学校文化基础层面的则是制度、校风、校训以及人际关系，它们是学校文化中的隐性文化，也是一所学校建设的基石。有了科学的制度，学校才能运行有序；有了正能量的校风，学校才能积极向上；有了清晰的校训，追求的目标才能明确；有了良好的人际关系，学校这个团体才能团结一心，形成教育合力。作为文化外显圈层的行为表现、课程设置、校园建筑、课程文化、标识文化等则是直接体现学校文化的可视元素。

工欲善其事，必先利其器。器乃影响善事之因。学校文化快速形成的器又在何处呢？学校核心层是学校文化快速成熟的关键，他们的道德品质和能力成为学校文化快速成熟的决定性因素。具体来说，核心层应该具备以下几方面能力。

下棋的高手。如果把学校文化比作一盘棋，那走好、走活这盘棋的棋手无疑是学校的核心层。这盘棋棋子很多，既有显性棋子如环境建设、标识艺术等需要关注，又有隐形棋子如制度、校风、校训需要构建；既有物质棋子，又有精神棋子，要综合考量；既有自身特色棋子需要珍惜，又有社会环境棋子需要关注。核心层只有具备全局意识，既关注当下又关注未来，既立足自身又关注社会，才能走好文化这盘棋；核心层只有不断地去挑战，时时充满进取精神，才能走好学校文化之棋，让学校文化快速成熟。全局意识和进取精神是核心层的首要素质。

学习的能手。在学校文化建设中，核心层学习力的大小至关重要。只有做学习的能手，才能把学校文化建设得更好。这种学习力主要表现在四个方面。一是对学习的内涵有清晰的认识，做到有针对性地学习。学习一般分为维持性学习和创造性学习。学校文化建设更多的是需要创造性学习，学习的目的是借鉴而不是抄袭，需要的是从学习中获得启迪，指导学校文化建设。二是有强烈的学习动机和要求。只有把学校文化建设当作历史使命，把学校文化建设当作事业追求去完成，学习的动力才能强劲。三是有科学的学习方法。事半功倍是学习者的追求，在学校文化建设中学习的内容多，缺少高效的学习方法是无法帮助学校实现文化快速成熟的。四是能带领团队学习，共同进步才能建设好学校文化。"众人拾柴火焰高"，核心层更应带领团队集体学习，不断优化整个团队的知识，让团队的每个成员都能跟上核心层的认识，理解核心层的文化建设内涵。只有这样，才能把文化建设落到实处。学习能力是核心层的核心素质。

敏锐的捕捉者。投机与取巧相生相伴，投机者大多想巧借力以获成功。但要想取巧成功时机尤为重要。在学校文化建设中我们不妨"投机取巧"，抓机会，使巧劲，见成效。也就是说，在学校文化建设中，核心层一定要善于抓住机遇。善于抓住机遇就是指学校核心层应该是敏锐的捕捉者，敏感地发现机遇，快速地评判机遇，适时地抓住机遇。善于抓住机遇是核心层的必备素质。

勇敢的开拓者。世上本没路，只是走的人多了便成了路。新建学校的文化建设就是走出一条属于学校自己的路。在学校文化建设中，核心层对教育资源发掘和调动的能力很重要。对于新建学校，我们首先要善于去发掘资源，这包括时代发展资源、社区文化资源、人文资源、教师资源、家长资源等。在发掘这些资源之后更要去调动这些资源，资源调动的成功与否将影响文化建设的成败得失。发掘和调动能力是核心层的关键素质。

优秀的钢琴家。有人形象地比喻，管理就是弹钢琴，十指调动，发出和谐之音才是乐曲，否则是聒噪之音。核心层在学校文化建设中对教育各要素的整合就是弹钢琴的过程，既要适时也要适度。核心层的整合能力尤为重要。我们既要认清各要素的重要性和作用，又要认清各要素发挥作用的次序性。核心层要善于整合各要素，这样才能形成合力，实现文化建设目标。整合能力是核心层的常备素质。

文化的传承者。铁打的营盘，流水的兵。学校存在是永久的，而学校核心层更迭在所难免，一个人、一个团队不可能长期保持不变。学校核心层变革后，新的核心层要在继承中发展、完善中发展、改革中发展、创新中发展。学校文化只有在历史中积淀、在时代中发展，不断地赋予它新的含义，才能焕发生机与活力。文化不可复制，但可以传承。好的学校文化不仅可以影响一所学校的几代人，也可以在领域内带来较大影响。传承与改善也是核心层应有的素质。

基于以上认识，我们自建校开始就很重视学校核心层的团队打造。我们注重学校核心层的学习能力、管理能力、开拓意识、全局观念等的提升，学校核心层人员外出学习和交流机会每年近 10 人次，核心层人员先后到过美国、英国、中国香港、中国澳门、中国台湾、北京、上海等地学习交流。同时，钟樱特级校长工作室每年指导大量的影子校长[1]，开展学习交流。先后有大连、青岛、甘孜、德阳等地百余名校长到学校跟岗学

---

［1］ 影子校长是教育部与中国移动联合开展的公益项目，金沙小学是"教育部—中国移动中小学校长培训项目"实践基地，参与培训的校长对钟樱校长进行跟岗学习，简称"影子校长"。后金沙小学将来访校长、驻校跟岗校长和网络联系校长统称"影子校长"。

习。学校的核心团队也迅速成长，不仅为集团发展夯实了人才基础，还输出了一大批骨干，到教育局、其他学校等任职，充分发挥了金沙教育的正能量。

同时，我们也十分关注国际教育发展的潮流和我国教育改革发展的方向，在学习中思考未来教育究竟会发生怎样的变化、未来学校应当呈现什么样态，在世界教育的底片中寻找未来学校的教育形式、运作方式与互动途径。

有人说教育是美丽的，有人说教育是丰富的，还有人说教育是多元的，世界各地的教育是如此不同，但无论什么样的教育都离不开文化的灵魂。春种秋收是农人的想法，学校文化播种的季节漫长，收获的季节也就漫长。学校文化成熟是相对的，没有终点与绝对的完美，它是动态发展的过程。正因如此，学校的文化建设始终处于完善之中。百年老校需要发展，需要更新时代赋予的内涵；成熟学校也需要适时调整，日臻完善学校文化；新建学校更需快马加鞭，把学校文化建设好。

此时成熟，彼时不成熟；此地成熟，彼地不成熟。学校文化建设永远在路上，在新学校文化的快速成长过程中我们要一马当先，引领发展，还需要处理好内涵发展和对外宣传的关系。"走特色办学之路，推动学校内涵发展"是时下各校追求的目标。什么是特色办学，怎样内涵发展？究其本质，是打造学校文化，建立一种核心办学理念，形成校园精神风范，构建和谐育人氛围，并将育人理念转化为师生的共同行为。只有加强学校文化建设，以文化为核心，创造性地开展工作，并形成一定的文化内涵，让文化产生一种巨大的张力，使其同化为学生和教师的素质，内化为学校发展的核心力量，方能使学校呈现出独树一帜、卓尔不凡的魅力，最终达到特色办学、内涵发展的目标。但也有持不同观点的人认为，学校有了学生、教师、校园、办公楼、教学楼就够了，认为学生在学、教师在教足已，认为把有限的资金用在美化校园环境、建设学校文化上是舍本逐末。还有的人认为，开展校园文化活动是对正常教学秩序的冲击，是浪费时间。甚至有这样的说法："学校文化建设就是搞搞花架子，做做文章，吹吹牛皮。"这些认识均不同程度地影响着学校文化的建设和育人作用的发挥，也左右着学校文化内涵生成与学校文化形象塑造之间的关系，让人不好把控、进退维谷。特别是作为一所新学校，在文化快速成长、学校飞速发展、口碑全面建立的过程中，一些质疑与负能量也伴随而来。

如何破题，还是要回到教育的原点、回归教育的本真去寻找答案。不可否认，在市场经济时代，学校之间也存在着激烈的竞争。竞争是综合实力的比拼。对学校而言，资金、管理、技术、人才，这些都是不可或缺的竞争因素，然而只有这些仍然不够，我们还需要一个能够把这些因素都整合起来发挥整体作用的因素，那就是文化。研究表明，决定各行各业在世界经济格局中竞争地位的终极力量，不是资源、管理等因素，而是文化。因而，只有学校文化才能决定一所学校的竞争地位。我们都知道学校是具有向心力和凝聚力的，在某种程度上这种向心力和凝聚力可以理解为师生和社会对学校的认可度。一所学校的被认可度越高，它就往往能够得到更多的发展机会，拥有更好的竞争实力，学校师生的归属感也会越强。因此，从这个角度来说，"做事"与"作秀"其实并不矛盾，我们需要在加强学校文化内涵建设的同时，把握住学校对外宣传这一教育发展过程中不可或缺的环节，扩大学校自身的知名度、美誉度和社会认可度，提升学校品牌形象，从而实现学校的飞速发展。

5. 勇于变革，主导未来

一路前行，风雨兼程。十年来，金沙小学在"追逐梦想，从心绽放"的办学宗旨下，培养出了一批有着扎实基础、创新视野的人才，也为中学输送了大批高素质的小学毕业生。站在金沙小学新的起点，放眼未来，我们要从更宽广的时空视角思考学校的发展，要积极把握未来可能的社会变化给学校带来的机遇和挑战，要加强顶层设计，引导学校创新、特色、优质、内涵发展，这对于建设品质学校具有深远的战略意义。

因此，金沙小学积极思考并制定学校五年发展规划，明确工作指导思想及发展目标，细化工作任务，建立并完善保障体系，通过对文化引领、集团成长、课程开发、生源调配、教师培养、管理并行、未来教育形态等方面进行深度挖掘，最大限度地发挥优质教育资源的作用，以获得良好的社会反响与持久的生命力。

案例

第一版五年规划

为每个学生提供适合的教育

——2010—2015 年成都市金沙小学五年发展规划（节选）

一、指导思想

立足当前，着眼未来；顺应民意，适应社会；面向全体，关注个体。

教育发展要适应经济社会发展对人才的需求和全面提高国民素质的要求；教育发展要顺应人民群众对接受更多更好教育的新期盼；教育发展既要立足当前解决突出问题，又要着眼未来，明确长远目标和任务；教育发展要以提高质量为核心，关注内涵发展，促进教育公平，尤其是在区域教育公平的基础上，学校内部的深度均衡；教育发展要尊重教育规律，尊重个体差异，为每个学生提供适合的教育。

二、发展战略

金沙小学在办学方面已有良好成效，有着良好的办学积极性，未来的五年，我们将以内涵发展、特色发展为核心，坚持文化立校、科研兴校、质量强校、特色扬校，使学校发展呈现以下趋势：整体策划，形象发展—队伍打造，内涵发展—理念提升，特色发展—集团推广，品牌发展。

三、重点工作

重点工作之一：构建民主的管理体系——整体构思，科学管理，常态推进，建立健全学校运行机制。

（一）加强基层民主政治建设，构建学校整体文化精神。

（二）加强教师队伍的建设，实现教师专业发展与动态优化。

（三）进一步规范办学，将学校常态运行机制和发展状况进行提炼并推广。

重点工作之二：建设开放的现代教育——德育为先，课堂为主，科研提升，努力实现教育的深度均衡。

（一）学生中心的德育、安全教育模式的创新发展。

（二）课堂教学改革的深入，班级教育均衡模式的建构和推广。

（三）特色校本课程的开发与推广。

（四）教育科研的总结与提升，凸显现代课堂特质，为每个学生提供适合的教育。

（五）以教育技术手段的提升实现教育技术现代化的发展。

重点工作之三：形成有效的教育合力——开放互动，全面推进，创新发展，构建和谐美好教育。

（一）社会资源的有效利用，教师、学生、家长社团活动的成熟与壮大，艺、体、卫工作全面推进。

（二）资源有效整合，国际融合常态化进行，国际化程度大幅度提升。

四、实施保障

（一）健全组织机构，明确工作职责。

（二）建立学校发展规划的运行机制。

（三）确保经费、人力投入，保障规划实施。

在顺利实现了 2010—2015 年五年发展规划的基础上，金沙小学积极筹备下一个五年的规划。学校的教育理想是需要不断靠近与实现的，学校的发展方向也应当有所沿袭与创新。创新就是在坚持学校教育理念、办学方向的基础上进行微雕微调。

案例

第二版五年规划

为每个孩子提供更好的教育

——2015—2020 年成都市金沙小学五年发展规划（节选）

"如何谋划学校发展，努力实现教育家式办学，让学校成为师生幸福成长的乐园、家长满意的学园。"这一直是金沙教育人思考的问题。"适合的就是最好的，教育没有最好只有更好。"这是金沙人孜孜不倦的追求和梦想。未来五年我们将继续沿着学校的办学理念，结合学校实际，广采博收、超越梦想，进行积极的探索与践行。

一、学校核心价值

（一）发展核心

为每个孩子提供更好的教育。

（二）发展准则

不断超越梦想，追寻教育理想。

学校将以孩子的立场、孩子的体验和孩子的收获作为工作的出发点和归宿，引领每个孩子按照自己的优势个性化健康成长，实现从上一个五年"适合"到下一个五年"更好"的教育理想。

二、学校发展背景分析

(一) 学校优势

1. 品牌优势：金沙小学目前在社区周边、成都教育乃至西部教育中都拥有良好的知名度、满意度、美誉度。

2. 生源优势：金沙国际新区的不断建设发展，带来生源数量及质量的节节攀升。

3. 师资优势：已经形成一支师德水平良好、敬业爱岗、富有团队精神、充满活力的教师团队。

4. 资源优势：学校拥有较为完善的硬件设施设备，拥有集体高速成长的坚实团队基石。

5. 管理优势：学校领导班子团结；学校管理规范、科学、高效。

(二) 学校劣势

1. 向未来教育转轨的步伐还不够大，教育理想与现实间还存在差距。

2. 学校的课程设置还有待进一步优化，校本课程开发还需进一步完善。

3. 师资队伍结构不合理，面临严重缺编的情况，自聘教师队伍不够稳定，不利于学校的可持续发展。

4. 生源不断增加，超出学校体量，导致办学压力和安全管理压力剧增，而社会、家长入学愿望未能充分获得满足，易引起社会矛盾。

通过对学校主要优势和劣势的调查分析，我们确定了学校新的五年发展规划。

三、学校发展蓝图

用学校文化经营学校，用品牌发展提升品质，实施"传承金沙文化精粹，把握未来教育脉搏"为主题的学校文化提升完善工程，关注每个学生的全面发展、个性成长，形成以生命教育、绿色教育、翻转教育、特色艺体教育为突破口的未来教育实践。

（一）目标定位

学校将以教师的专业发展和学生的主动发展为根本，不断改善管理与服务形象，努力实现学校提出的"更实的办学目标，更强的教师队伍，更美的学校文化，更佳的服务保障，更好的教育质量"之目标，实现金沙小学从品牌学校到品质教育的追求。

（二）总体思路

一种共识：和谐合作，共同发展。

两项工程：互联网+未来学校建设工程、特色艺体校本课程建设工程。

三个关注：关注学生生命成长、关注教师职业幸福、关注学校品质发展。

四、学校重点工作

（一）推动德育创新，践行素质教育

学校德育要促进学生健全人格的锻造、核心价值的内化，意志品质的磨炼、思与行的统一。学校德育创新拟通过以下举措来推进：一是构建分年级德育"传承元素"与"现代元素"的递进化目标导引框架；二是促进学生思想道德品质内化的认知、实践、体验、反思德育课程建设；三是注重学校德育活动的系列化、序列化建设；四是关注学校、家庭、社区、社会的四位一体化建设。

（二）"梦想"特色艺体课程体系建构

为了深入开展素质教育，促进学生多元发展，学校把培养学生追逐梦想、感受幸福的能力作为教育目标，期待通过特色艺体课程的建设与实施，为学生道德素养、人文素养、科学素养、健康素养、艺术素养的形成奠定坚实基础。

1. 重视顶层设计，整体搭建学校艺体特色课程框架

课程模块分类：围绕"健康、艺术"两大学习领域，在每一领域开设"基础"、"拓展"、"实践"三类课程，三类课程直接指向本领域特有的学生培养目标。在此基础上统一开设综合性校本课程，指向学生综合素养的培养，使学生体验幸福，具有实现梦想的能力，从而提升幸福感。

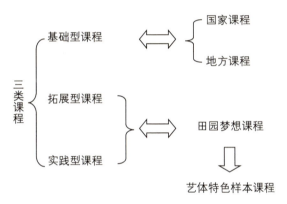

图7-8 课程框架体系示意图

2. 关注国际先进艺体课程的学习与双语课程的开发、研究

例如，通过"幸福足球、智慧课堂"项目的引入，推进以足球为主体的体育课程探索；联动国际友好学校开发《金沙探秘》文化双语读本（中英文、中日文）；凝结集团资源拓展田园农耕系列体验课程。

3. 注重特色校本教材编写与实施中的学科特色凸显

将语、数、科学、艺术、体育课程与农耕文化、节日体验、传统文化、季节交替、户外实践相互渗透融合，扩展学生视野，建立学科之间的联系，帮助学生多元地学习和认识世界。

（三）未来课堂，"互联网+"校园的应用与建设

1. "互联网+"背景下，课堂形态的翻转探索

运用互联网云平台实名制教学空间建设"个人空间、资源平台、翻转课程"，依托"互联网+"建立学习研修云平台。未来学校教学模式将由传统课堂与空间课堂相结合而生成。

2. 合理运用云计算，实现从数字化校园到智慧校园的提升

依托目前先进的计算机技术、网络技术、通信技术和传感技术，基于物联网环境，打造将学校的教学、科研、管理和生活服务有关的所有校园生活结为一体的智能化环境，提供更加综合的服务、优化的管理、科学的决策和更高效率的资源共享。

6. 明确责任，勇于开拓

一所新建学校的文化建设将经历从无到有、从有到优的发展过程，学校的核心成员、教师骨干群体以及全体职工在其中各司其职，发挥着不同的作用。依据其文化形成过程，大致可以分为三个阶段。

第一阶段：核心成员的引领与构建。一所学校新建立之初，到底要办成什么样的学校、形成什么样的学校文化，这是给办学团队提出的首要问题。这时，团队的核心成员会根据自身对教育本质、教育规律、区域特点以及社会发展对教育的要求等的认识，提出办学思路、办学理念、育人目标等学校文化核心的雏形。此时的学校文化更多的是理论上的思考和教育情怀的体现，是办学蓝图的设计。这样的设计不是猜测和推想，而是科学的构建和推论，加入专业团队的支持，便可称得上是顶层设计。这时学校的文化主体架构已经完成，需要的是时间的验证。

第二阶段：骨干群体的参与和互动。"再丰满的精神，也需要两条腿走路。"如果说学校核心成员在建校初期形成的文化雏形是文化的骨架，

那么骨干教师队伍的加入将会是对骨架进行血肉的丰满。在文化雏形形成后，核心成员应与团队基本层面进行交流互动，让骨干教师加入学校文化的建设中来。这个过程就是去粗取精、去伪存真，由表及里、由此及彼的系统化处理过程，也就是对文化雏形的接纳、理解、认可、完善，形成学校文化的核心要素。核心成员和骨干教师队伍之间的深度沟通和对学校文化的适度修改完善，能加快学校文化整体发展的速度。

第三阶段：全员的认同与实践。无论多么完美的文化蓝图的构建，无论多么细致入微的修改完善，都必须得到全员的认同，通过全员的实践才能真正成为学校的文化。在这里，我们讲的全员认同不仅包括教师、学生，还包括了社区和家长。要使他们快速认同学校的文化，培训和宣传是必不可少的。我们可以通过讲座、座谈、趣味活动、开放课堂等形式，形成全员认同学校文化的有效途径。教师、学生以及家长不再是学校文化的消费者，而是参与者、践行者和贡献者。

当然，在学校文化建设过程中，还需要处理好学校责任与社会责任的关系。学校要通过责任的担当，引领一方文化的发展，浸润一方文明的生长。教育是一个国家的先导性、基础性事业，是关系国计民生的大事，教育必须承担重大的社会责任，而教育的责任要依赖学校的运作才具有现实意义。现实中的学校受到各种社会条件和自身组织局限的限制，文化管理活动面临着复杂的利益冲突和角色冲突，其社会责任也由此表现出一种复杂的态势。维护自身利益和担当教育使命之间的错位，使学校文化面临着较为普遍的责任冲突，这是当前学校发展面临的一个困境，也构成了学校文化建设一个不可回避的话题。为此，我们有必要在研究学校文化建设时讨论学校的社会责任，审思我们所面对的现实困境，把握好学校责任与社会责任之间的关系。

在金沙小学文化建设过程中，我们一直用这样的话来激励自己："也许在这个世界上没有理想的教育，但却不能没有教育的理想！"我们一直勇敢地追逐教育理想，期待能朝着理想的方向前行，将社会责任植入学校的文化建设价值体系中，致力于构建负责任的学校管理实践机制及学校文化传统。我们深知建构和谐社会、实现伟大复兴的中国梦，学校需要履行和承担的社会责任意义重大、不可忽略。我们要在学校文化建设中关注人自身的和谐，人与人及人与社会之间的和谐，人与自然之间的和谐，我们要更多地担负起应有的社会责任，宣扬一种符合社会主义核心价值观的学校文化价值追求。

责任是一种期待，也是一种约束和控制，同时也是一种激励，它促使我们始终在追问什么是理想的学校、什么是理想的教师、什么是理想的社会。我们怎样才能肩负起国家的使命，肩负起社会的未来，这取决于学校主观努力的程度，也取决于我们如何将社会责任问题纳入学校文化所秉承的价值体系中去。金沙小学通过对教育和学校责任的梳理，厘清了学校文化作为社会的文化子系统，具有文明传承、人伦教化、道德养成、创造未来的基本功能。我们认识到，学校文化应当成为社会道德的源泉；师生、学校的道德状况应当成为社会文明的标尺、社会道德的底线。金沙的使命就是"传承文明，发现未来"，让每一个人都能"追逐梦想，从心绽放"。所以，在任何时候金沙小学都将教育的价值观、信仰和职业理想作为学校文化的核心。例如，学校从行政领导做起，"要求老师做到的，行政领导首先做好"，"要求学生做到的，老师首先做好"。致力于学校组织文化建设，便是营造一种负责任的管理模式并影响教职工的工作理念，这也成为学校所坚守的组织文化价值内核。

"铁肩担道义。"金沙小学坚持全面贯彻党和国家的教育方针，坚持育人为本、德育为先，实施素质教育，促进学生健康成长，培养"德、智、体、美、劳、爱、健、做"全面发展的社会主义建设者和接班人。学校将社会主义核心价值观融入学校教育的各个方面和各个环节，通过学校文化的构建营造社会主义核心价值观教育的浓厚氛围，以树立优良校风、教风、学风为核心，以优化、美化校园环境为重点，以开展丰富多彩的校园文化活动为载体，实现和谐校园的打造，促进学校社会责任的承担。

案例

金沙小学流程管理规划

为了适应学校进一步发展的需要，实现学校发展的目标和愿景，2016 年我们根据规范、优化、创新的思想将管理机制和体制进行了变革。对学校每一个教师岗位和管理岗位都进行了价值阐释、岗位职责、工作制度、工作内容、效果评估的详细规定。让每一个新教师和老教师都能找到自己的工作重心，更加科学高效地工作。

附班主任岗位案例：

成都市金沙小学班主任工作职责

一、价值阐释

班主任工作是学校工作的重要组成部分，它的成效决定着班级的状况及整个学校的教育教学质量。班主任是师德规范的践行者，是班集体建设的指导者与组织者，是学生个体发展的引领者与促进者，是班级教育资源的开发者、统筹者与整合者。

二、岗位职责

班集体建设

1. 为班集体发展确立发展目标

2. 带领学生制定班级公约与相关常规

3. 确定班级干部的岗位设置与选拔办法，培养和使用学生干部

4. 班级重大活动的策划、组织、指导、管理，按计划开展班队活动课

5. 做好班级与教室文化建设

6. 做好班级教育资源（家长、社区资源）的开发、整合和利用

个体学生工作

7. 对特殊学生进行个别指导

8. 对学生进行考核评价

家长工作

9. 做好家长工作

三、基本制度依据

按照《小学生日常行为规范》《成都市中小学生守则》《班主任工作手册》《成都市班主任工作手册》《太阳公民中心手册》《太阳公民成长手册》等规章制度各项规定展开工作。

四、工作内容

班集体建设

1. 制定班级建设目标

依据本班实际情况制定本班建设目标，运用多种形式向学生进行思想道德品质教育。

2. 建立班级管理机制

建立班级常规管理机制和班级目标，培养良好的班风和学风，教育学生遵守《小学生日常行为规范》。在班级中建立班级管理岗位，培养学生自我教育、自我管理、自我服务、自我约束的能力，为提高学生的思想道德素质、科学文化素质、身体心理素质打下良好的基础。

3. 搞好日常组织管理工作

认真组织学生参加每周一的升旗仪式，做到纪律严明、秩序井然；组织并督促学生积极参加校、年级的社团活动。

4. 组织安排各类活动

根据学生的实际生活，定期开展少先队活动；指导并组织学生参加丰富多彩的校内外文体活动、科技活动、公益活动和社会实践活动。

安排好学生的假期生活。

5. 组织学生做好教室及公共区的清洁工作，养成良好劳动习惯

6. 做好班级的文化设计与布置

组织学生开展各种评比活动，让每个学生在活动中接受教育；做好班级的文化建设，按照学校主题定期更换张贴物。

7. 加强学生的安全教育

及时处理班内突发事件。课间开展文明活动，不追逐不打闹，文明如厕。

8. 与本班其他学科教师协作管理

协调各门学科，互通班级管理情况，共同商讨本班的教育工作；协调各门学科的作业量，掌握并调整学生的课业负担，采取恰当措施，因材施教，共同教育好学生。

9. 做好班级固定资产的管理工作

教育学生爱护公物，节约能源。

个体学生工作

1. 了解本班学生基本情况

了解和掌握本班学生的家庭、思想品德、生活和身体情况，以及个性心理特点、兴趣特长；了解班级、少先队干部的思想状况，并掌握他们的发展动态。

2. 指导学生学习方法

帮助学生明确学习目的、端正学习态度，掌握科学的学习方法，不断提高学习成绩，较好地完成学习任务。

3. 做好学生评价工作

为本班学生认真写评语，负责填写本班学生的学籍；组织学生开展各项评比工作：金沙之星、新星少年、美德少年，填写好太阳公民成长册。

4. 培养学生良好的卫生习惯

协助学校贯彻体育与卫生工作条例。教育学生注意个人卫生，保护环境，不吃零食，不乱丢乱抛生活垃圾。有传染病案例、发热案例需及时到校医处备案。

5. 关注后进生，建立特殊学生档案

包括家长情况、学生成长情况。特殊儿童需报备年级组和学生中心存档。

家长工作

定期做好学生家访工作，关注班级中的弱势群体，关心他们的学习与生活。在班级中成立家长委员会，召开家长会，通过家校通、班级群等形式，加大与家长沟通的力度，展示班级文化活动以及学生的个性特长，构筑教育网络，共同做好学生的教育工作。

遇到学生的紧急突发事件，要第一时间告知家长，取得家长配合，并做好家长和学校之间的协调工作。

时代在发展，金沙小学的德育工作也紧跟时代步伐，承担时代责任。例如"社会主义核心价值观"教育，学校便是通过系列活动，来进行潜移默化的教育与影响。"富强、民主、文明、和谐，自由、平等、公正、法治，爱国、敬业、诚信、友善"这24个字，在学生心中的意义究竟是什么？学生是怎么理解社会主义核心价值观的呢？学校开展了"我眼中的价值观"征集活动。全校的学生都积极参加，并用自己独特的视角、充满敏锐的感受力表达出对这24个字的个人理解。"富强：国家富强了就可以让每个小孩子都上得起学，让每个老人都看得起病。我希望国家越来越富强，这样我在金钥匙的成长小伙伴就能看更多的好看图书，还能和我一样坐飞机到很多地方了。文明、和谐：和谐就是大家有礼貌，没有争吵。不要乱丢垃圾是个人文明的一小步，也是社会文明的一大步。友善：对路边清扫大街的阿姨微笑，对帮助自己的人说一声谢谢，就是友善。"从节选的孩子的这些话语中我们可以感受到，童言童语也许并不那么高深，却很亲切动人，很接近孩子的生活与心灵。其实教育就当如此，就是心与心的感触，情与情的交融。

案例

金沙小学幸福课程体系的完善

成都市金沙小学以"育幸福而美好的学生，做幸福而美好的教师"为目标，努力让学生拥有幸福的人生，同时增进教师的幸福感。2015年成都市金沙小学再次完善幸福课程体系，在长期的实践探索积累中形成了基础课程、特色课程、综合实践课程，着力帮助孩子形成正确的价值观和纯良的道德品质，培育孩子理解幸福、获得幸福、分享幸福的能力。

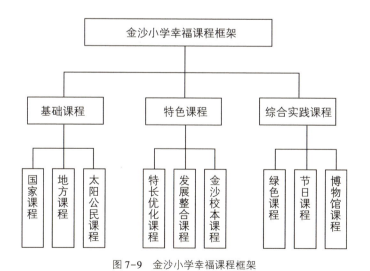

图7-9 金沙小学幸福课程框架

附综合实践课程内容案例：

表7-2　成都市金沙小学综合实践课程

类别	模块	课程	说明
综合实践课程	绿色课程	行走课程（团队协作课程、春秋季行走课程、国际游学课程） 农耕课程（根与芽课程、养殖课程） 环保课程（综合治理课程、节能环保课程）	课程开展时间灵活，依课程需要确定，以培养学生绿色环保意识、参与绿色行动、创建和谐环境为宗旨，提高学生绿色行动能力。
	节日课程	传统节日（清明节、端午节、中秋节、重阳节） 现代节日（五一劳动节、六一儿童节、国庆节、圣诞节） 金沙特色月（3月礼貌月、4月科技月、5月爱心月、6月艺术月、9月感恩月、10月奥运月、11月国学月、12月国际月）	课程以季节、时令、节日为依据确定，通过办节日小报、节日活动、节日征文等形式，主要培养学生对传统文化的认识，对学校特色活动的了解。
	博物馆课程	小小解说员课程 模拟考古课程 社区学习小组课程	课程的场地在金沙遗址博物馆，以学校教师和博物馆工作人员为主要负责人开展教学活动，主要是培养学生的探究意识和能力。

学校作为教书育人的场所，承担着传承文明、培养优秀公民的重任，当然也应该是创造先进文化、传播先进文化的场所。教育是培养人的活动，教育有其自身的规律，每所学校也有其自身的特点。因此，在时代的大背景下，唯有充分结合学校的实际、结合地域的特色，不断在自己的学校文化中融入新鲜血液，融入核心价值文化，才能使学校在管理文化、组织文化、精神文化等各个方面更适应时代的潮流，更担负得起社会的责任与使命，更具有独特的魅力，拥有更强的生命力。

作为一所新学校，金沙小学在规划思考学校文化建设思路上，一直坚持以教育使命为引导，以责任培育为主线，以核心价值观为灵魂，以文化传统为根系，以地域资源为源泉，顶层设计，分层推进，整体架构学校文化的图谱，使视觉文化、理念文化、精神文化、制度文化、课程文化、管理文化和行为文化等互为映衬，并由学校的核心价值观引线穿珠，形成了一个相互关照的整体。无论是社会责任还是学校责任，都是我们在文化建校中所追寻的价值目标，我们能做的就是通过扎扎实实的工作，为培养更加有道德、有胸怀、有智慧、有价值观的社会公民而不懈努力。

在金沙，学校文化建设不是为了完成上级布置的任务，不是互相攀比的资本，更不是成名的噱头。我们抛弃了许多具有功利主义色彩的门面工程，我们潜下心来做问卷调查、做分析比对、做头脑风暴、做课题研究，有意识地摸索并总结出具有共性且符合学校实际情况的特点，将之凝炼成学校文化的根基。我们遵循着学校文化内生内源的性质，按照"基于学校，在学校中，为了学校"的思路，以硬抓手、实举措、真功夫来建设金沙小学的软实力。我们深知学校优美的环境固然重要，但是如何使学校文化作用于师生灵魂的深处，让它润物无声，又让师生受益终生，这才是我们建设学校文化的追求。我们愿意在看不见的地方下功夫求突破，我们愿意在细微之处见精神花心思，我们相信"把每一件简单的事做好就是不简单，把每一件平凡的事做好就是不平凡"，我们期待着能通过自己求真务实、锲而不舍、脚踏实地的探索，让新学校的文

创建一所有文化的新学校

化也能对内打下烙印，对外贴上标签，就像提到"兼容并包"就能想起北大，提到"不做假账"就能想起国家会计学院一样，金沙文化的"开放、探究、均衡与和谐"也能成就新学校的文化梦想，成为一张亮丽的教育名片。

从心绽放

让文化的根须穿越厚重的历史，采天地之精华，聚古今之灵气——这就是建设一所有文化的新学校的不二法门，也是我们将学校的历史延长再延长的重要秘诀。

让文化的精粹置于合理的制度，涵养师生自主发展的精神，建构具有文化含量的课程，将学校的实践场域拓宽再拓宽——就这样，我们和金沙小学这所新学校一路走来……

如今的金沙小学，校园的一景一物、金沙人的一言一行、教育行为的一张一弛、课堂的一教一学都传达出一种独特的人文气质和精神传统。无论是学校的整体规划、课程改革、教与学的形态，抑或是学校每一位成员行事的态度与方式，学校管理的各个环节，都能令人感受到金沙的学校文化在其中起着至关重要的作用。以传承文明为己任的开放与大气，践行教育理想时的勇气与力量，师生在文化浸润中内化形成的价值追求，与永不放弃的梦想与创造……这就是学校文化成就的金沙的独特灵魂，是滋养学校的"根"，是不管在哪里都能识别和感受到的金沙印记。

环境怡情、氛围育心、文化养德，金沙小学是幸运的，3000 年古蜀先民留下了太多宝贵的文化遗产，厚重的历史积淀为学校文化提供了丰富的养分，而独特浓郁的学校文化又润泽着每一颗心，陶冶着人们的情操。无论身处其中的学生、教师还是家长，都得到了前所未有的体验与成长，幸福之花都从心底里开放。

创建一所有文化的新学校

神圣的太阳神鸟在这里飞翔，古蜀的金面具倾诉着悠久的文化。金沙是孩子眼中"美丽而神秘的地方"。在金沙家长们的心目中，开放和自主便是最好的教育。家长期待学生能通过"自主的学习"与"独立的实践"产生智慧，而不仅仅只是学到知识。

不知不觉中，金沙小学在文化立校、文化扬校的逐梦道路上已走过快十年时光。不知道对于一段人生来说，十年光阴是短是长、是厚实还是柔软，但对于一所新学校而言，十年的时光已足够让它酝酿成长，让它"向下扎根，向上生长"，让它有了从一粒种子成长为一片森林的可能，在这成长之路尽情绽放。

十年时间，金沙的成长，文化的创建，校本课程的开发，幸福课堂的实施，班级均衡教育的落实，我们作为学校文化的生产者，也是学校文化的消费者，身在其中，感慨颇多。

文化传承着历史，文化牵系着未来。学校文化是学校发展的力量本源，学校文化是学校成长的重要基石。也许，文化是有惯性的，需要有历史的积淀，需要用时间来慢慢培育，然而，相信只要我们舍弃追逐功利的思想，用金沙3000年历史的内涵与底蕴去推动，像浇灌干渴的禾苗般用耐心去慢慢浸润，像和风细雨般用精心去慢慢滋润，金沙的学校文化就会迸发出巨大的力量，水滴石穿，坚持下来，文化能创造一切，文化能改变一切。

感谢我们拥有这份幸运，成为金沙学校文化的缔造者、追逐者、参与者、践行者。未来，我们还将在整合国内外优秀经验的基础上，扎根金沙文化，与梦想同行！

学校，文明传承之所系

假如十年前有人问我：如何建设一所有文化的新学校？只怕，我会很困惑。对于当时的我来说，文化这样一个概念，实在有点儿太大、太难以捉摸了。

历史与机遇，让我和我的团队邂逅金沙，并毗邻金沙遗址一手创办了金沙小学这样一所被赋予太多期待的新学校。

新学校怎样才能有文化？这是十年之中我不断给自己提的问题。

经过十年潜心探索与实践，现在回过头来检阅当初对于学校文化建设的选择，我觉得自己有了许多新的收获。

首先，是眼界的开阔与文化自信的加深。

过去，人们对四川的认识来自"蜀道难，难于上青天"这样的诗句。即使从"好"的一方面说，也只是认为四川人向往安逸的生活。至于专注吃喝享乐，"少不入川"，认为在四川生活会消磨人的意志，更是许多人深入脑海的成见。关于成都，很多人的直观印象是——大山里的盆地，封闭、狭隘、落后，茶馆林立，麻将桌遍地。作为四川人、成都人，我的思维方式也逃不出这样的圈圈。

而金沙文化的横空出世，以及它与城市、社区乃至学校文化的深度融合，刷新了我的认识。美国社会哲学家刘易斯·芒福德（Lewis Mumford）在《城市发展史》一书中提出："大城市的主要作用之一是它本身也是一个博物馆；历史性城市，凭它本身的条件，由于它历史悠久，巨大而丰富，比任何别的地方保留着更多更大的文化标本珍品。人类的每一种功能作用，人类相互交往中的每一种实验，每一项技术上的进展，规划建筑方面的每一种风格形式，所有这些，都可以在它拥挤的市中心区找到。"[1]从某种程度上说，金沙小学创造的奇迹，也是一种"博物馆奇迹"。

金沙小学自开办以来，数千同行前来参观。我们总能自豪地告诉他们：我们的学校没有历史，但我们的脚下埋藏着三千多年的古蜀文明！也许正是这样的土地，给了我们快速成长的自信。

其次，是对学校文化传承有了更深的认识。

一所新建学校，没有悠久的历史，没有赫然的成就，几乎是从零开始。然而，学校没有文化积淀，并不代表学校没有文化。这话虽然有些绕，却也不难理解。因为学校本来就是文化传承的地方。在新建一所学校时，本该以传递文化的理念来建筑。

校园可以"拔地而起"，但学校不可能横空出世，教师本身就是文化的载体，学校是教师内心文化的外显形式之一。有了有文化的人，自然也就有了有文化的学校。

金沙文化并不是我们建设金沙小学的主要目的。它只是一个小小的切口，在这里，儿童可以很自如地走进文化，与文化建立更真实可感的联系。文化也可以以一种更亲切的方式，走进儿童的内心世界。

许多年来，我们在校园中倡导文化传承，我们不断铺陈文化如何博大精深、源远流长。这样的说法并没有错，只是，在做的时候，我们往往忘记了，儿童和文化不会自动自觉地走到一起。

这个时候，正是学校、课程、教师，甚至学校的建筑发挥作用的时候。学校为孩子们搭建平台，课程作为文化的载体，教师组织适当的活动，建筑用自己特殊的呈现形式静静地对儿童产生潜移默化的影响。

总之，学校能做的事，是帮助儿童走进文化，同时也帮助文化走进儿童——以儿童最喜闻乐见的方式，呈现文化的内涵。

最后，也是最重要的一点收获，是我理解了为什么一所学校要有

---

〔1〕 芒福德. 城市发展史〔M〕. 宋俊岭，刘文彦，译. 北京：中国建筑工业出版社，2005：573.

文化。

坦白说，在建设金沙小学学校文化之初，也许我们并没有弄明白这个问题，只是听凭直觉的指引。之后，通过学校的一项项活动、课程，一次次讨论、反思，是孩子们的反应告诉我们，文化对于个体的意义。

有了文化的个体，变成了历史的、社会的个体，成了有历史感、文化感的个体。当人浸泡在文化的脉络里，有了共同的背景，也才有了存在的意义。

我们做各种各样的活动，看起来似乎没有意义，正像散落在各处的拼图，单独来看每一块都没有意义，拼好了从整体看才有意义。就像我们这样，把每一个好做法用文化的灵魂串起来，一切就都有了意义，就都活了起来。

明白了为什么一个学校要有文化，然后才能去探索建设适合学校的文化。我想，这样才真正符合学校文化建设的路径。

关于这本书，不是几个人、几支笔的力量，而是全校师生和家长朋友们成长的点滴，得益于社会各界领导和专家的支持和帮助。本书在付梓过程中还得到了我在北京师范大学教育家书院的导师石中英老师、郭华老师的亲身指导，我和我的同事周刚、刘玥廷、刘芳菲、赵德钊等举笔奋战，在这里一并致谢！

钟　樱

出 版 人 李 东
策划编辑 刘 灿
项目统筹 郑 莉 何 薇
责任编辑 欧阳国焰
版式设计 宗沅盛视 孙欢欢
责任校对 贾静芳 金 霞
责任印制 叶小峰

图书在版编目（CIP）数据

创建一所有文化的新学校／钟樱等著. —北京：
教育科学出版社，2016.9
　（教育家书院丛书. 研究系列）
　ISBN 978-7-5191-0803-8

　Ⅰ.①创… Ⅱ.①钟… Ⅲ.①小学—校园文化—
建设—研究—成都 Ⅳ.①G627

中国版本图书馆 CIP 数据核字（2016）第 217213 号

教育家书院丛书·研究系列
创建一所有文化的新学校
CHUANGJIAN YI SUO YOU WENHUA DE XIN XUEXIAO

出版发行	教育科学出版社		
社　　址	北京·朝阳区安慧北里安园甲 9 号	市场部电话	010-64989009
邮　　编	100101	编辑部电话	010-64989527
传　　真	010-64891796	网　　址	http://www.esph.com.cn
经　　销	各地新华书店		
制　　作	北京金奥都图文制作中心		
印　　刷	北京尚唐印刷包装有限公司		
开　　本	169 毫米×239 毫米　16 开	版　　次	2016 年 10 月第 1 版
印　　张	15.5	印　　次	2016 年 10 月第 1 次印刷
字　　数	202 千	定　　价	59.80 元